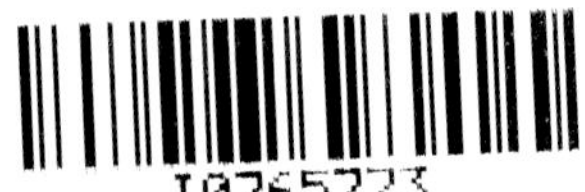

I0765773

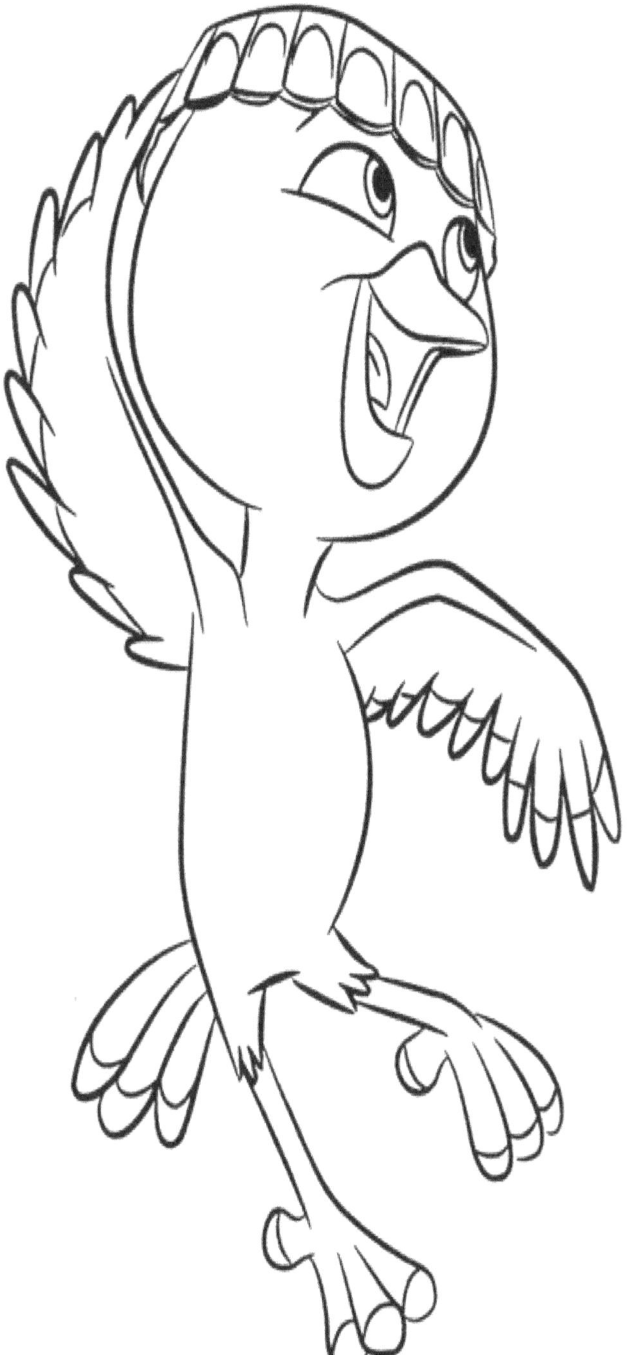

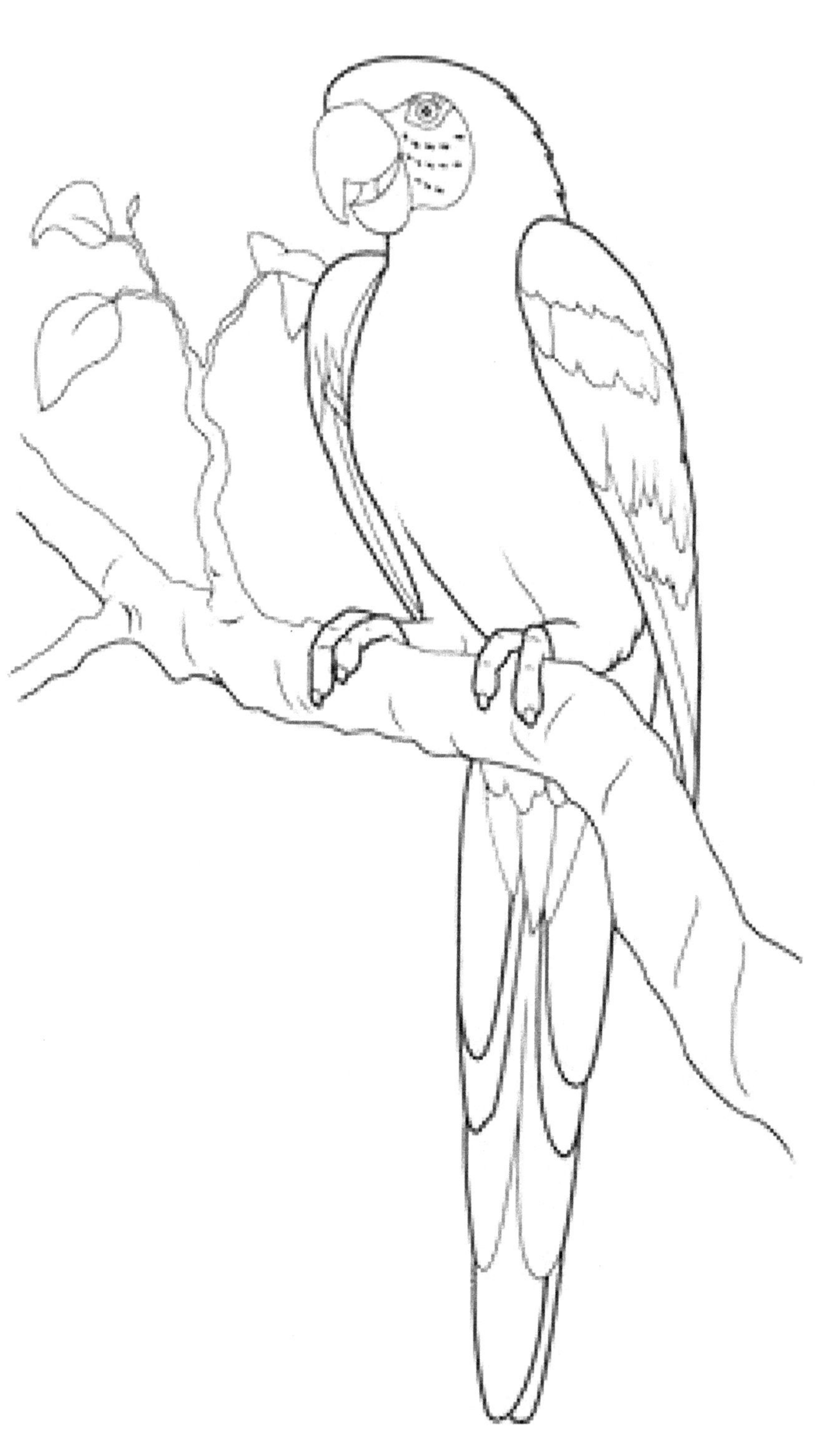

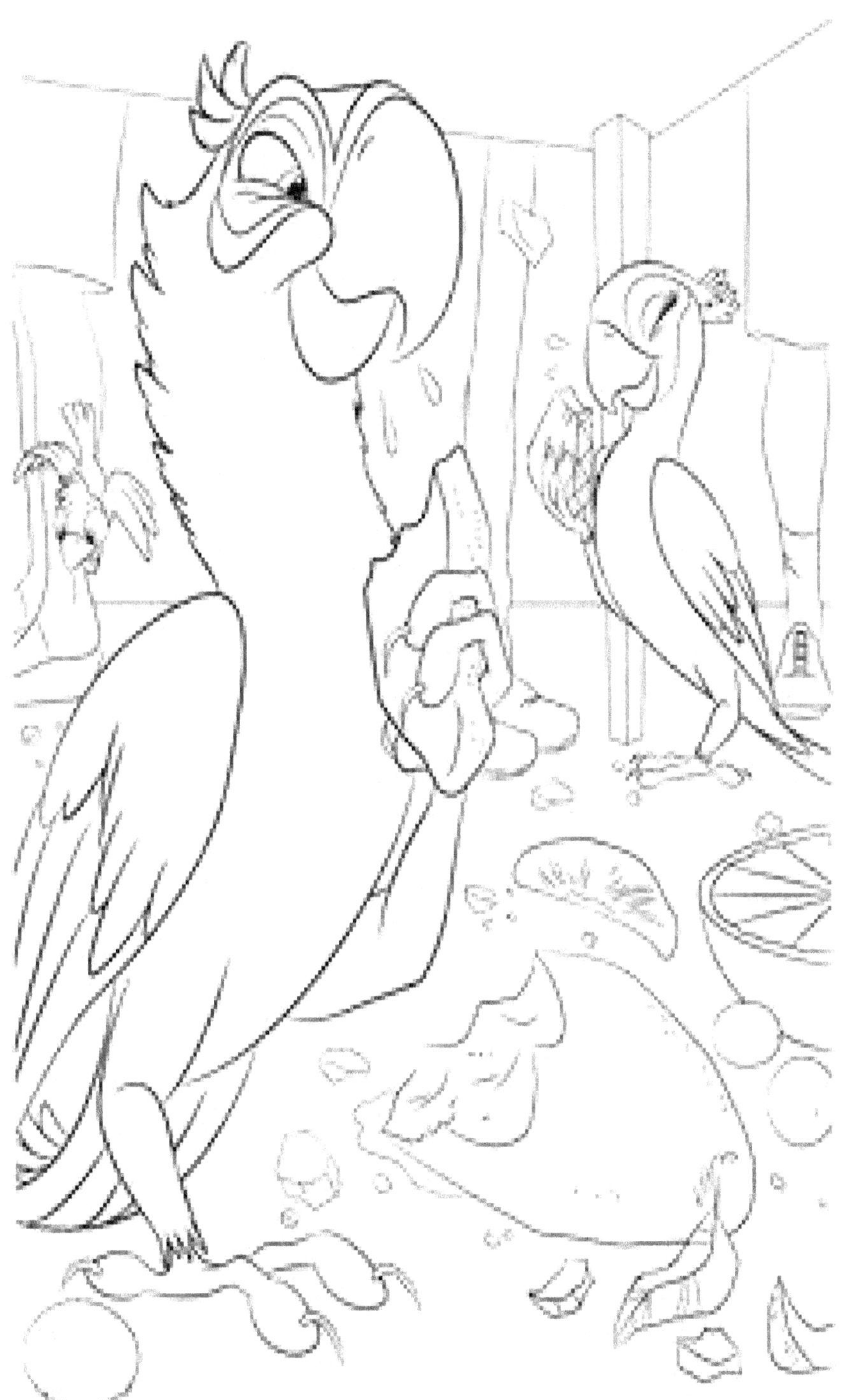

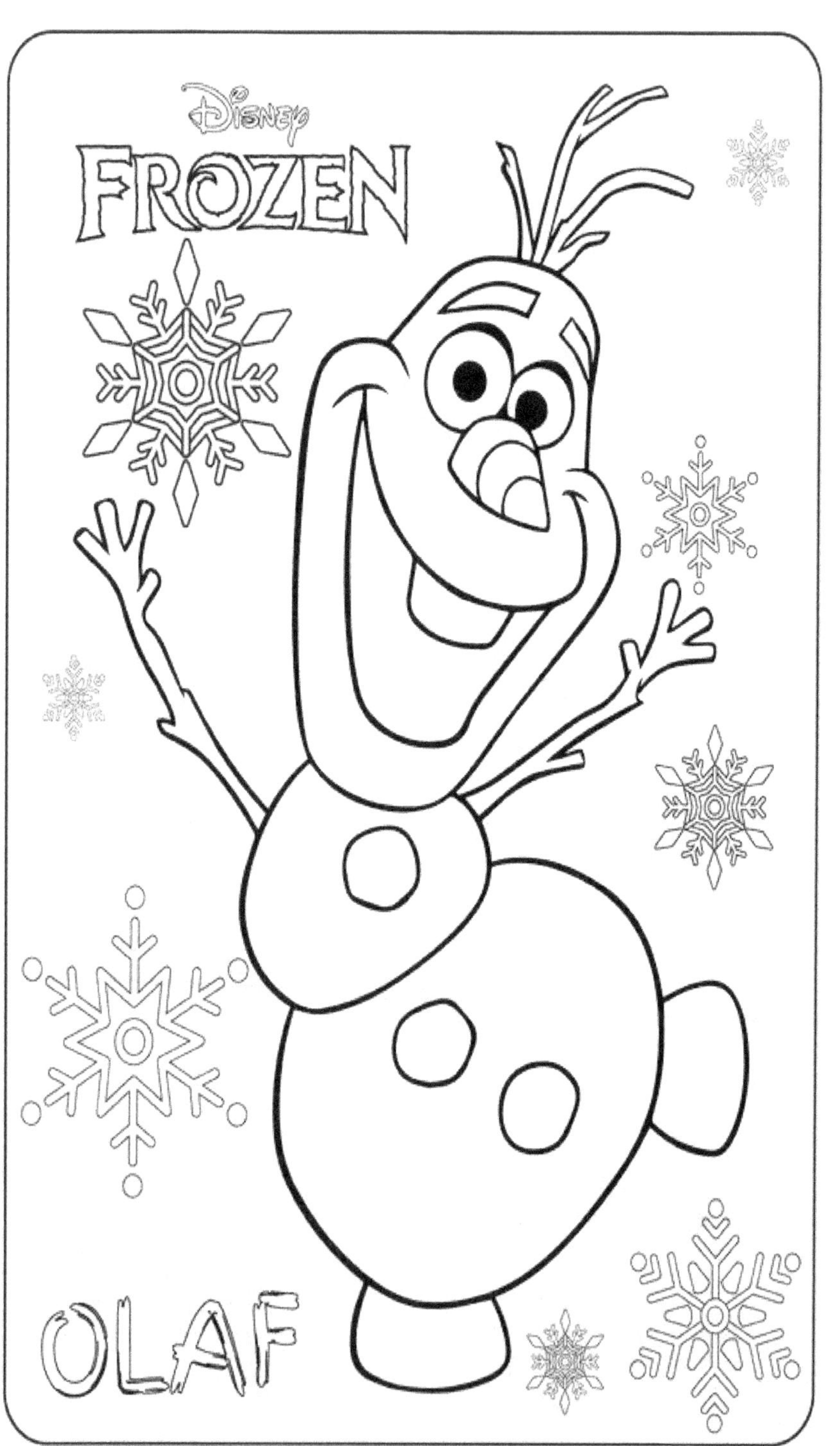
Disney
FROZEN
OLAF

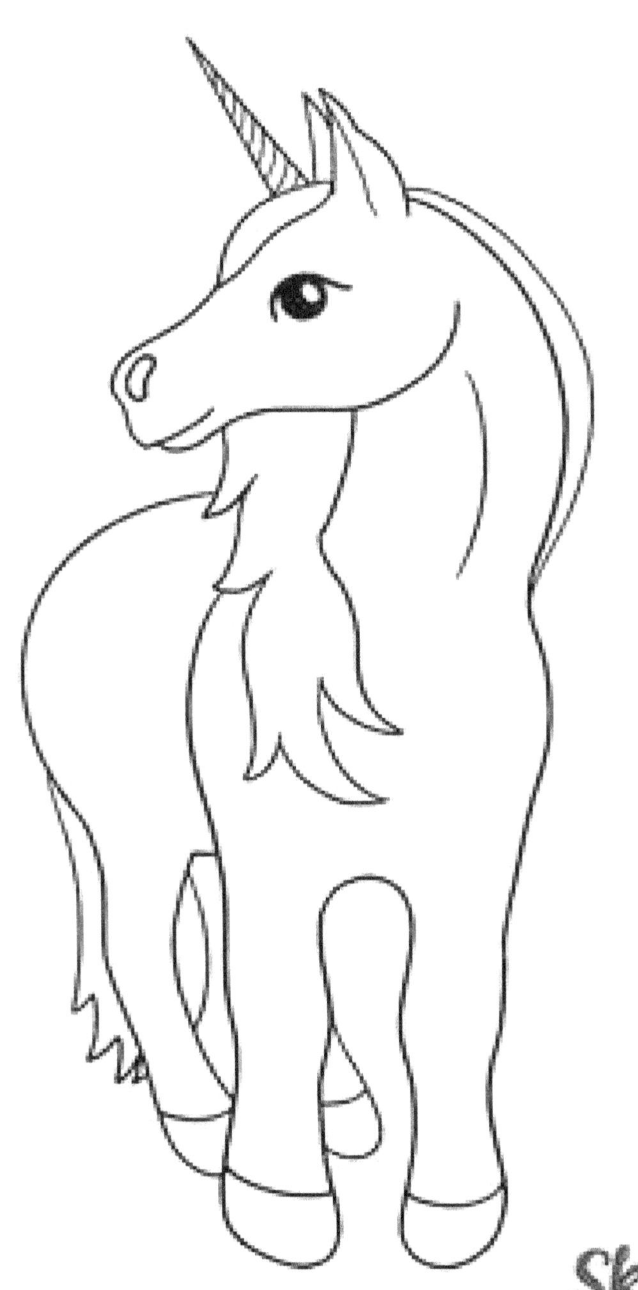

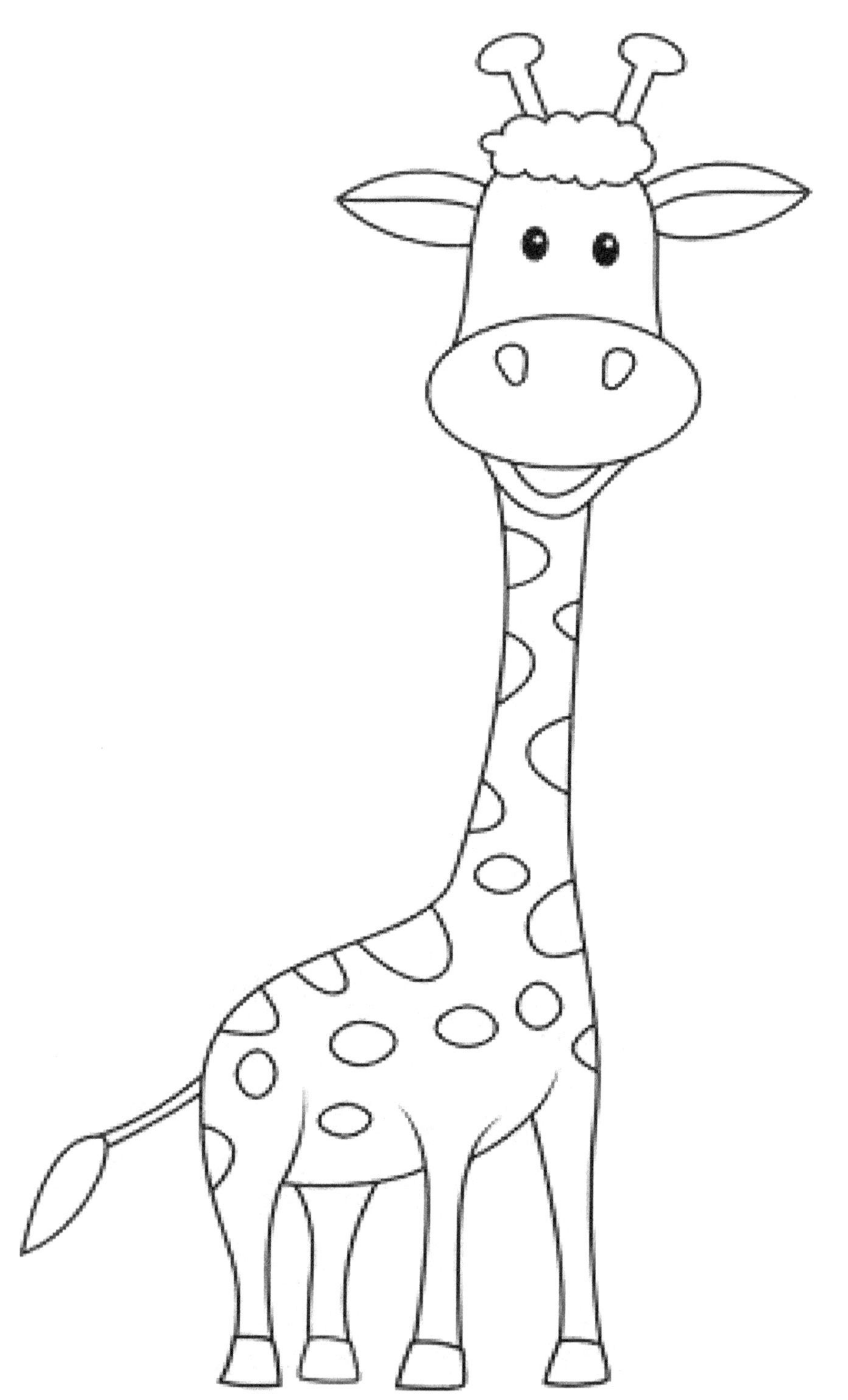

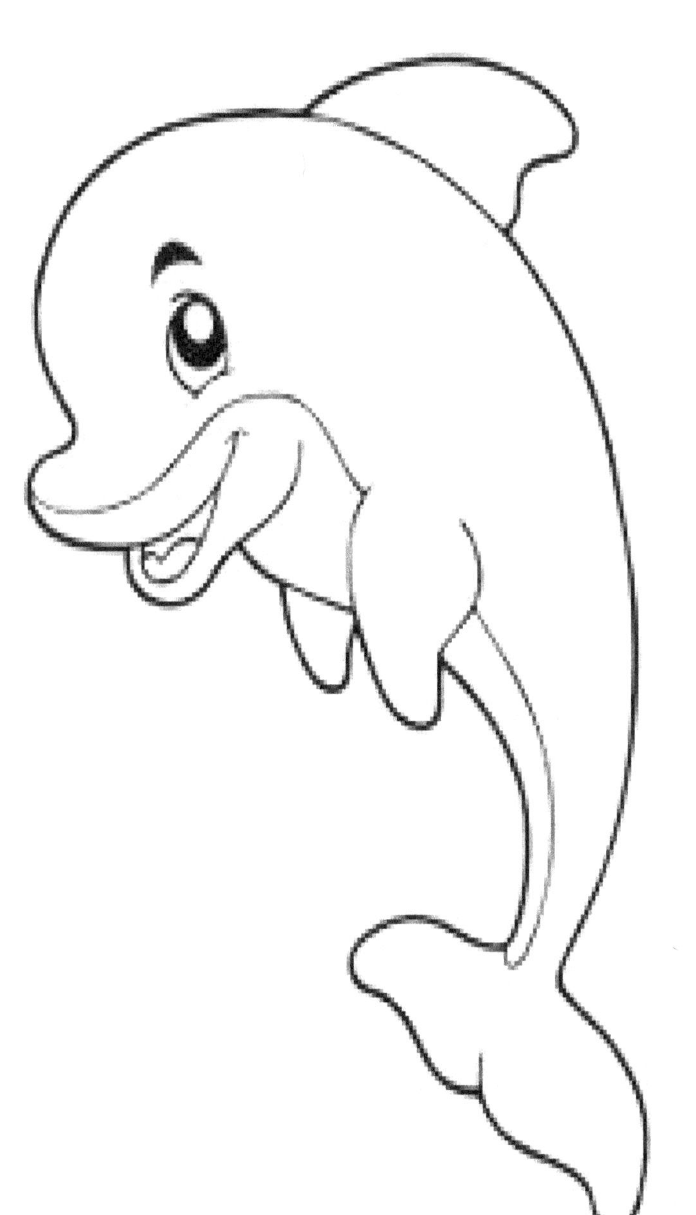

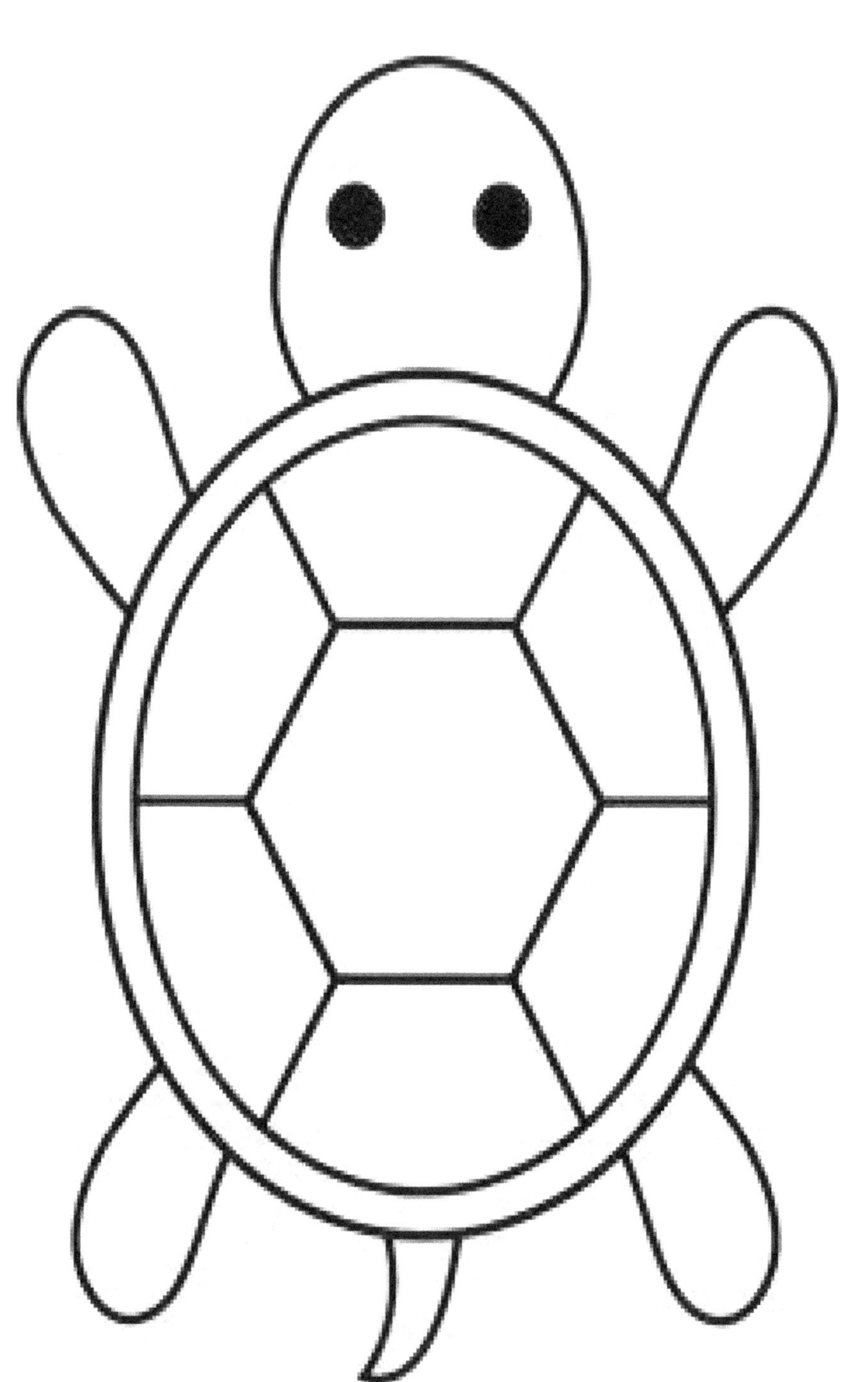

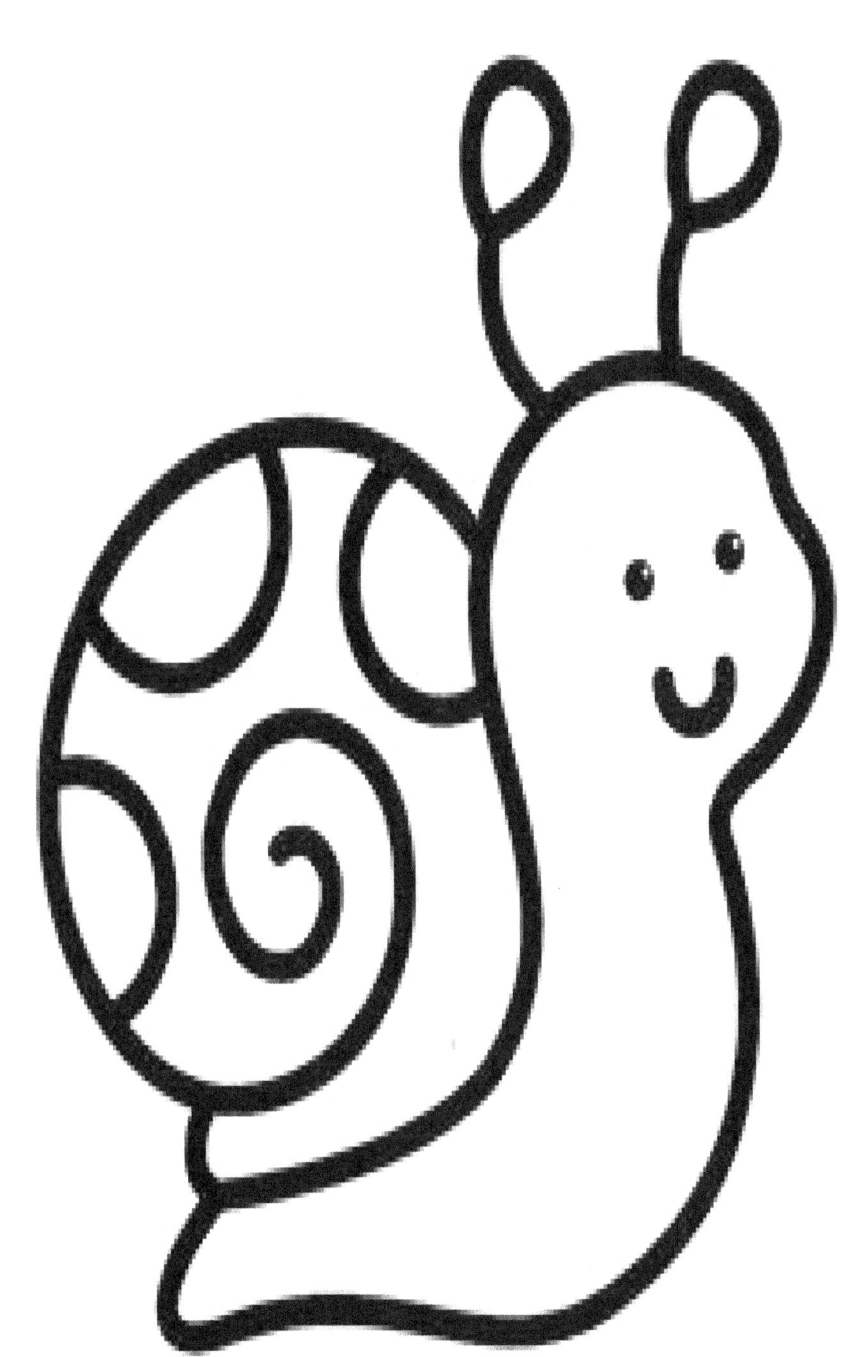

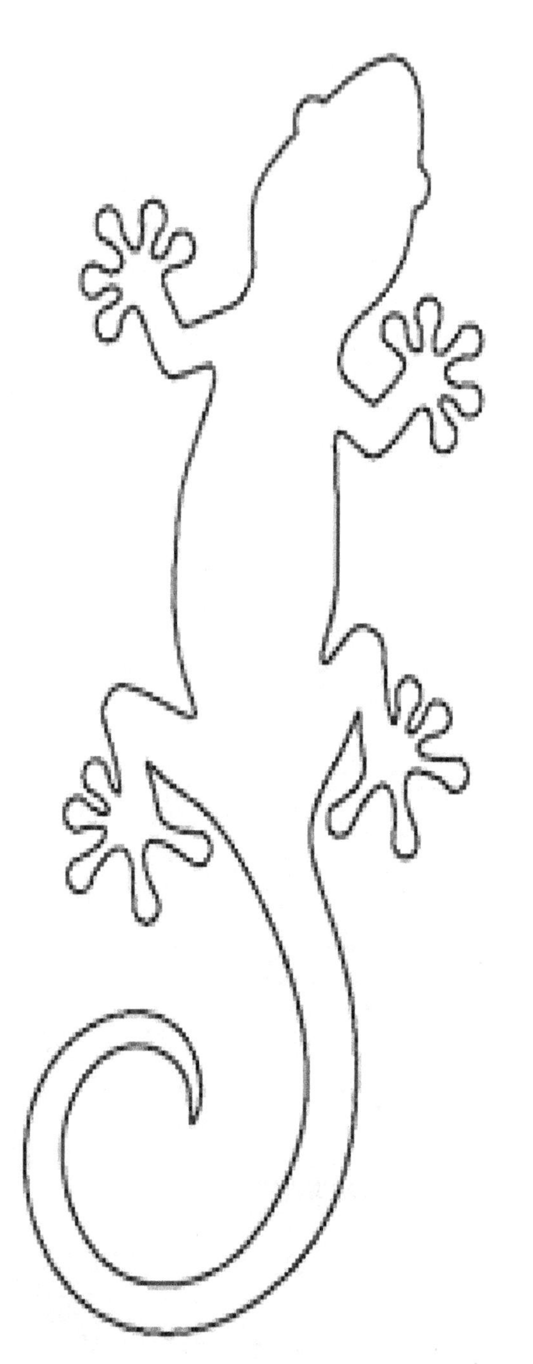

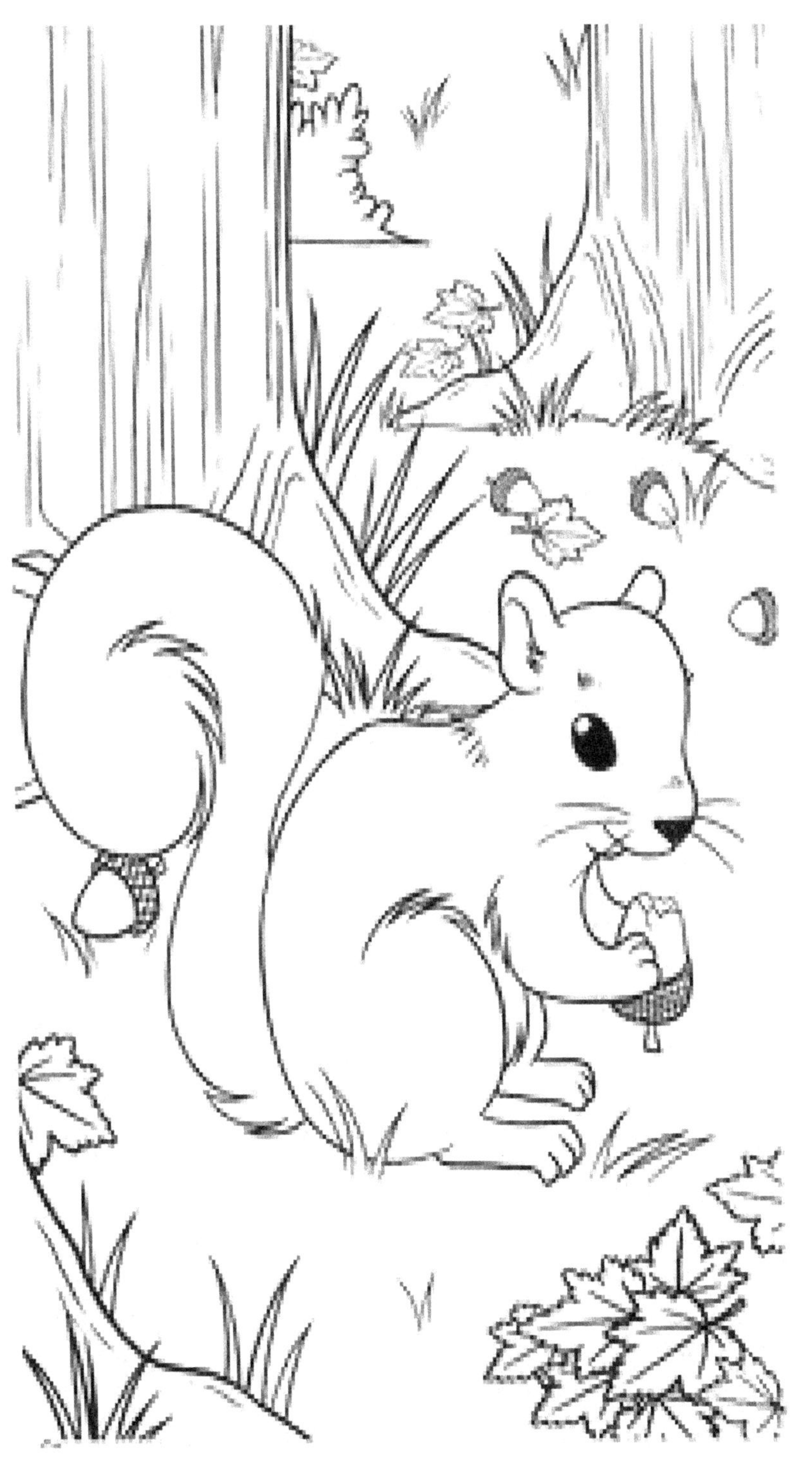

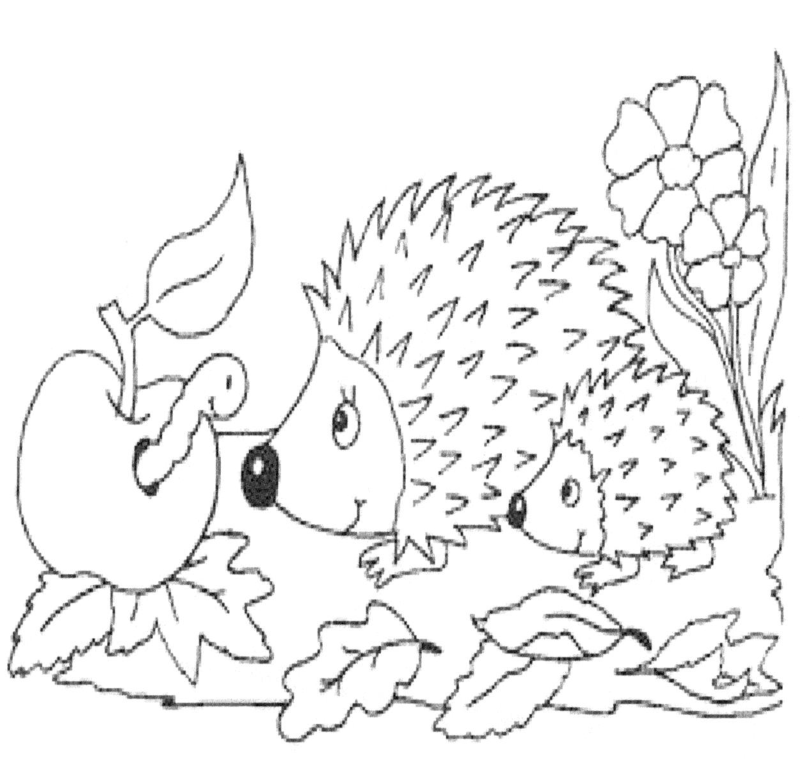

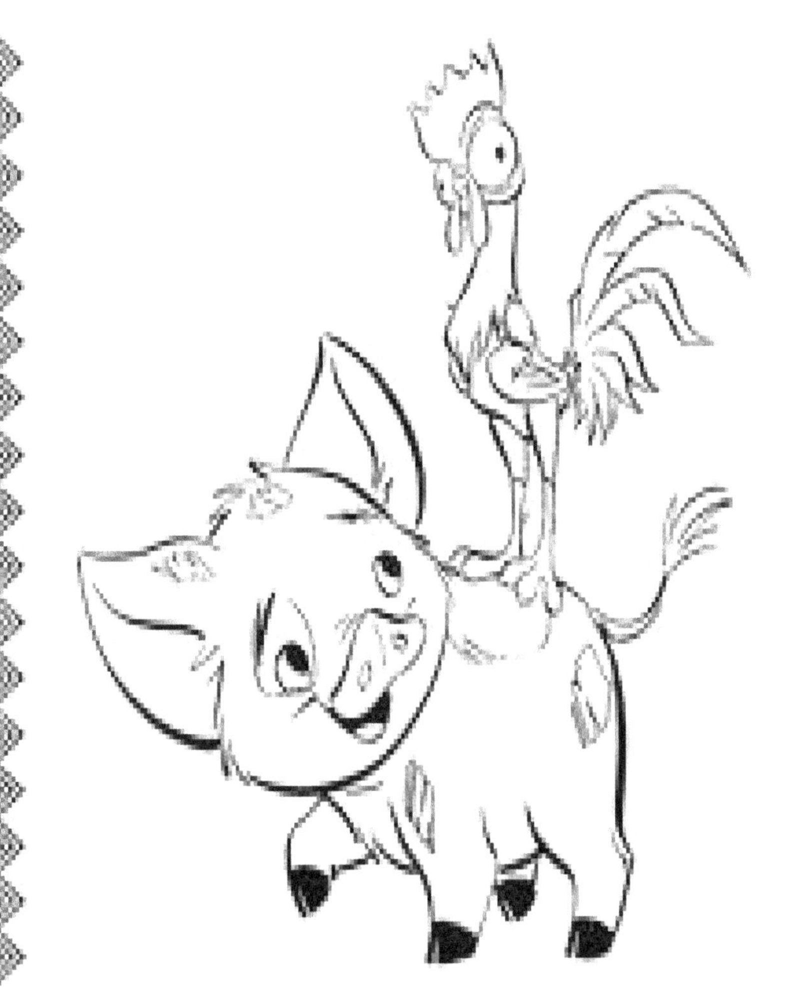

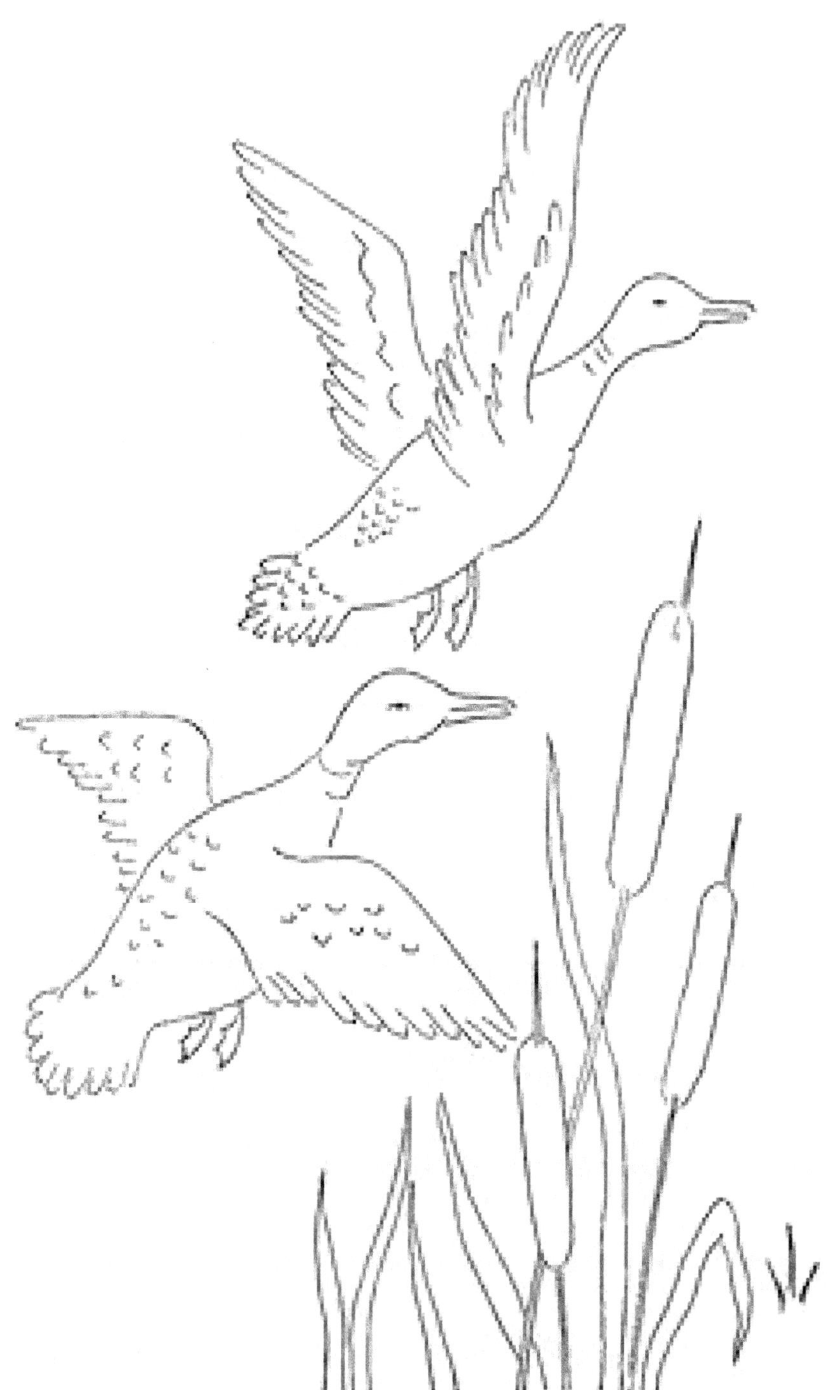

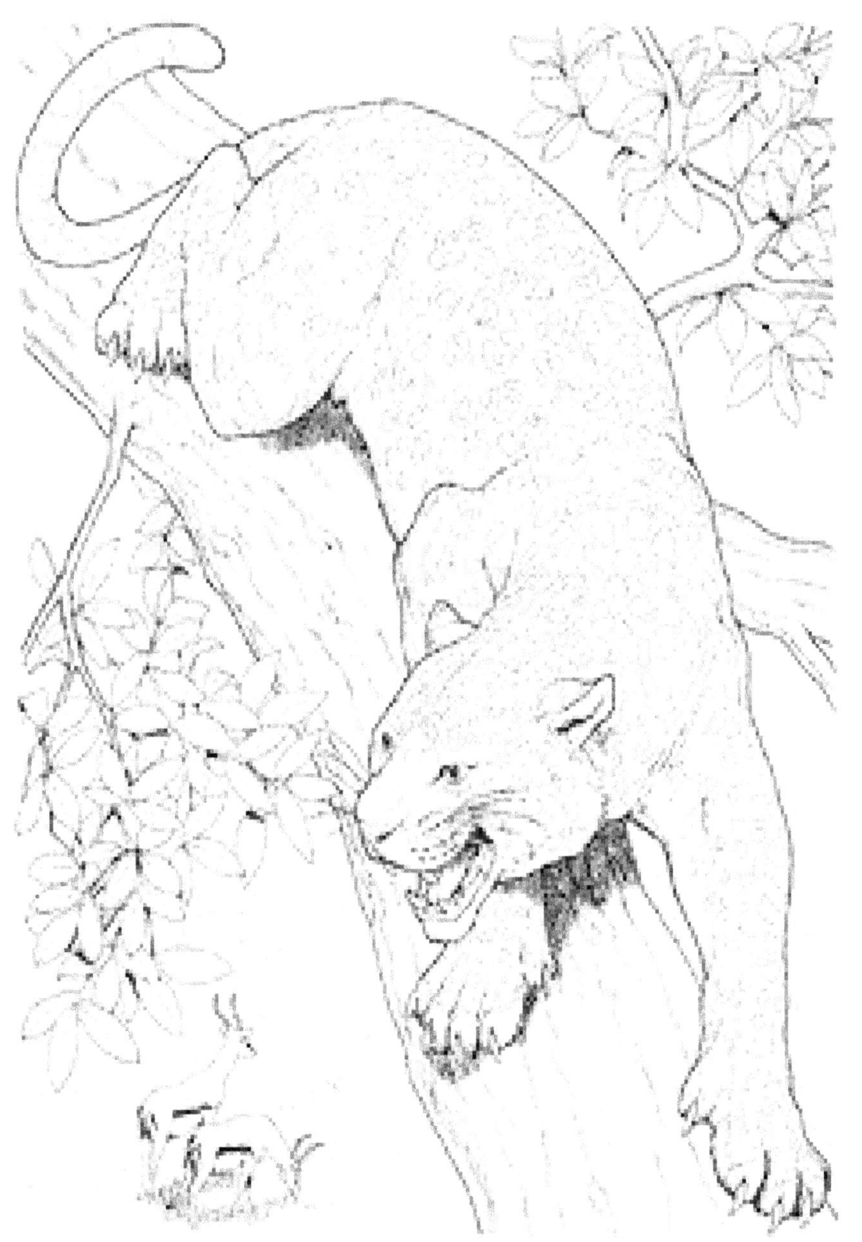

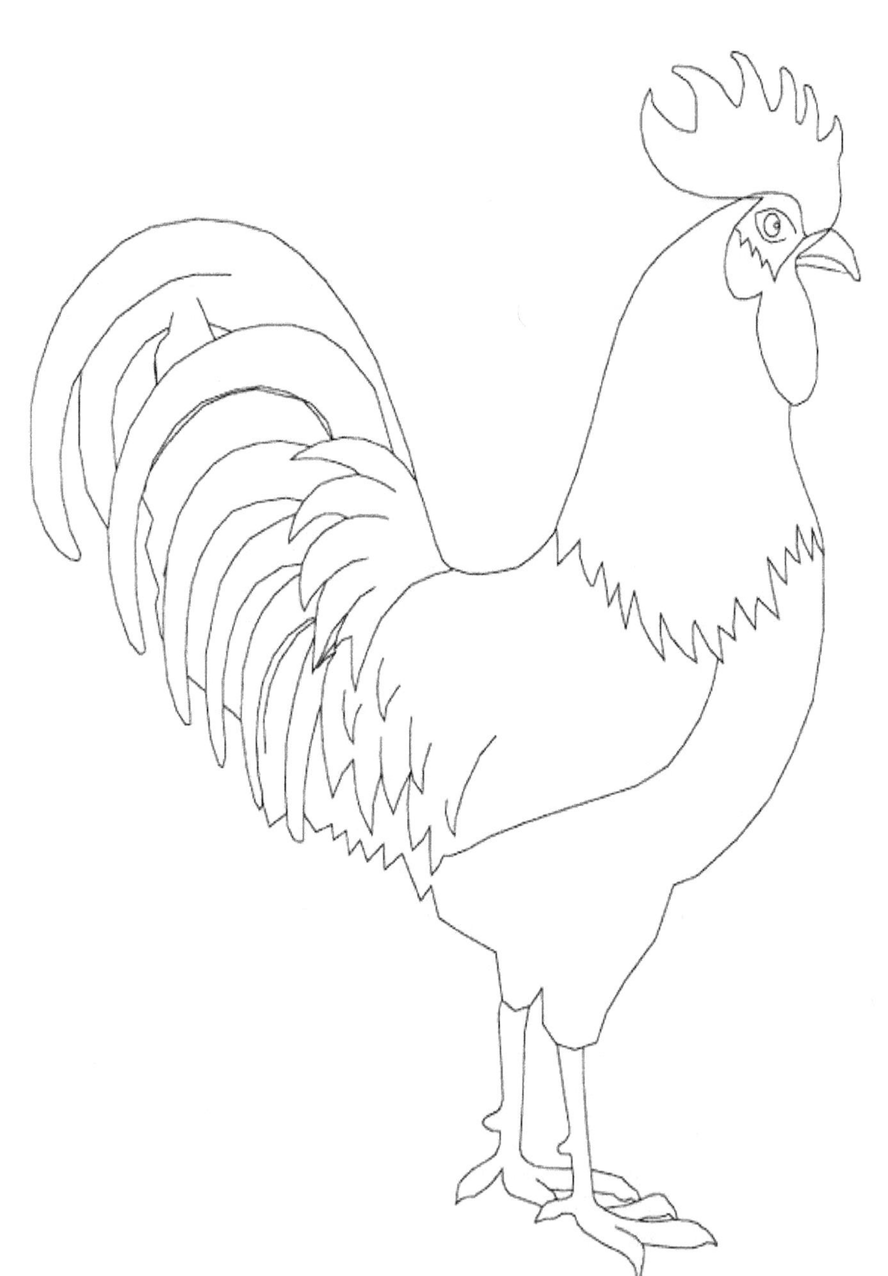

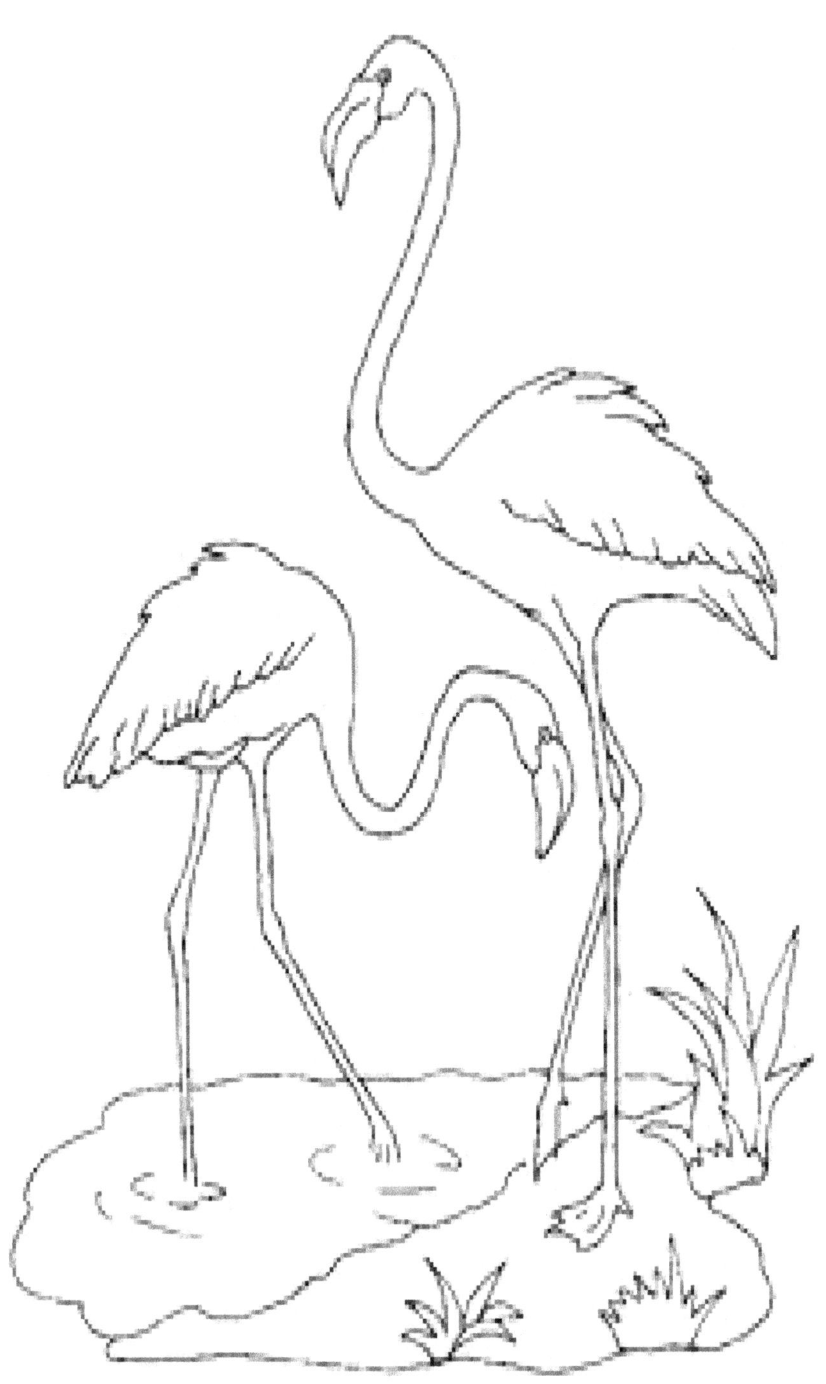

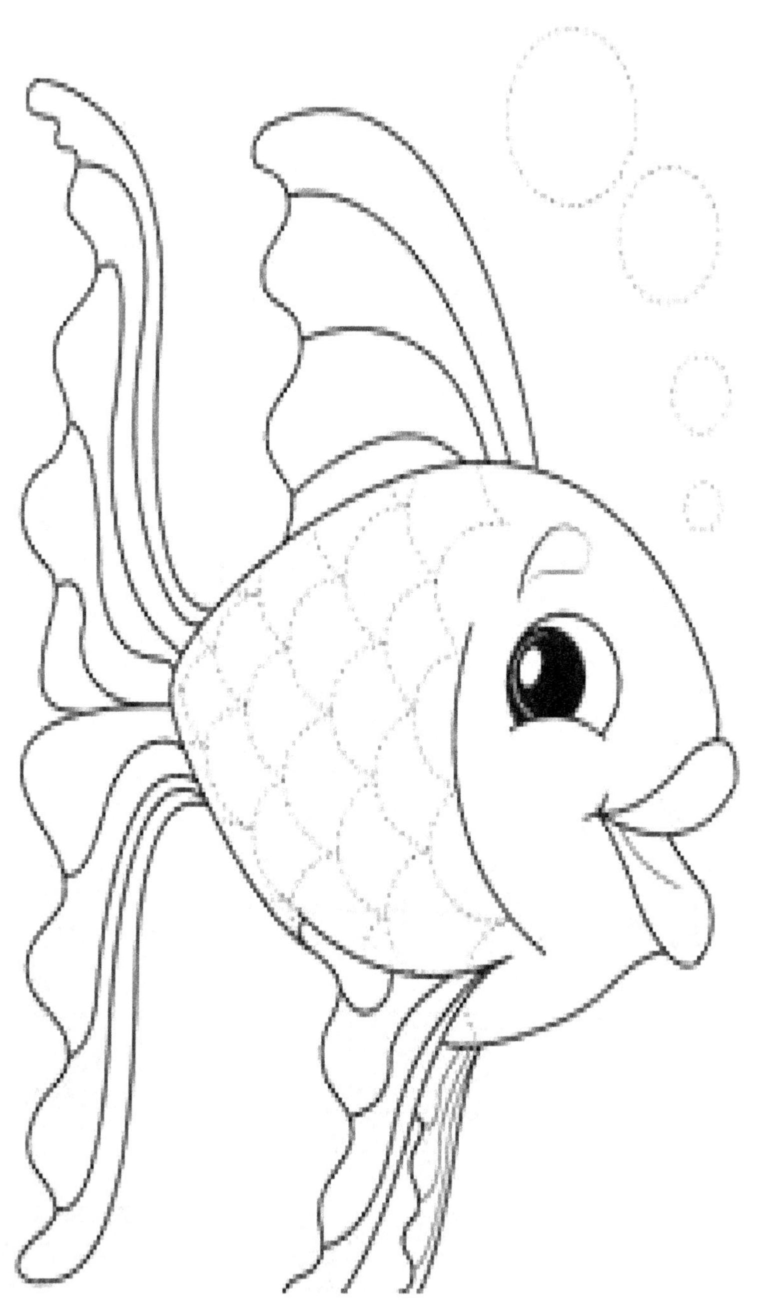

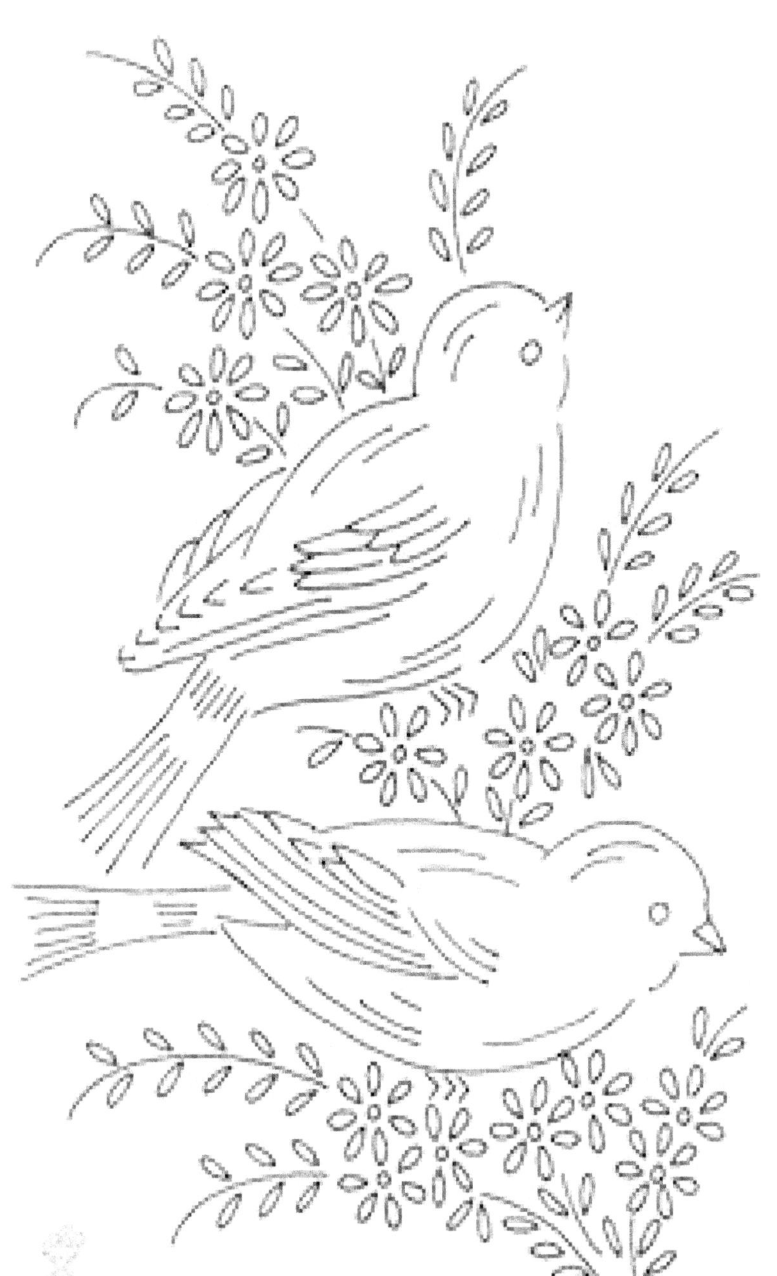

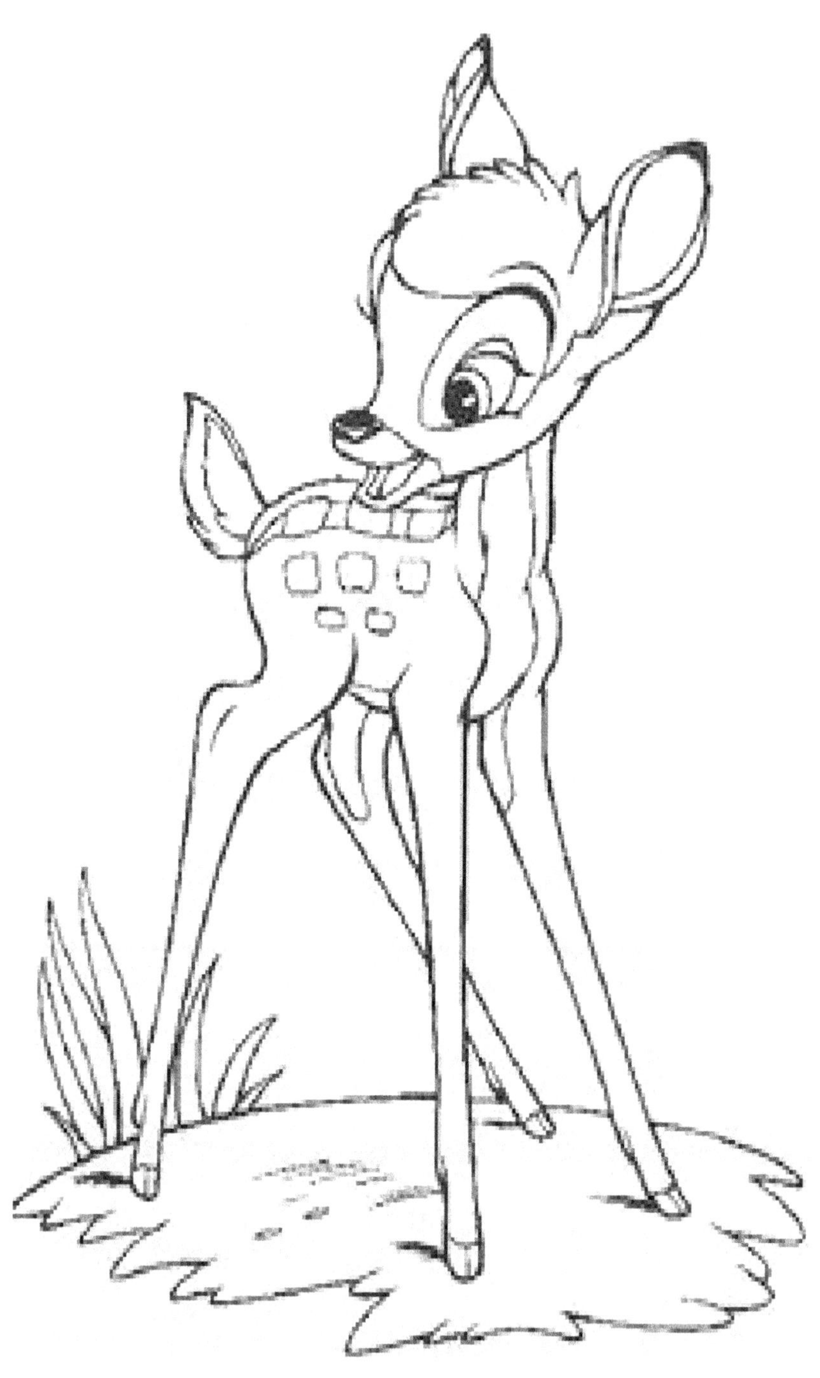

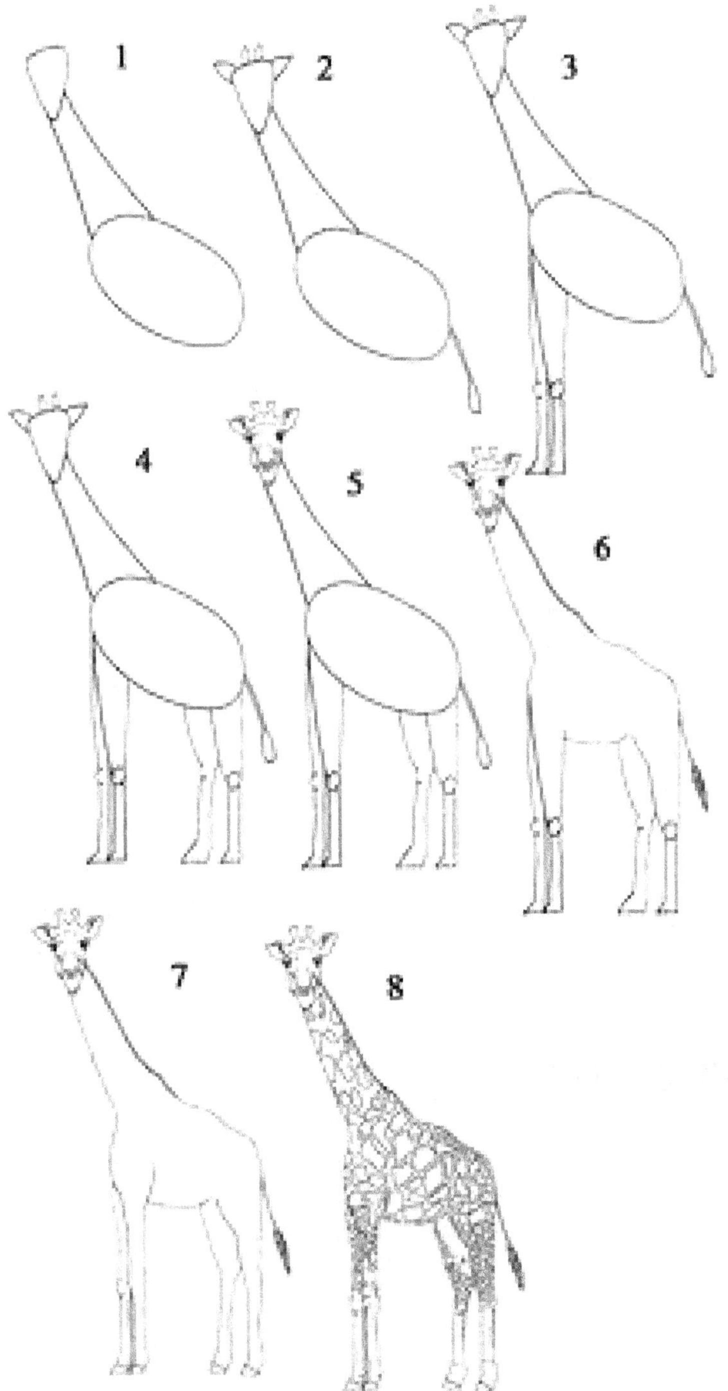

1
2
3
4
5
6
7
8

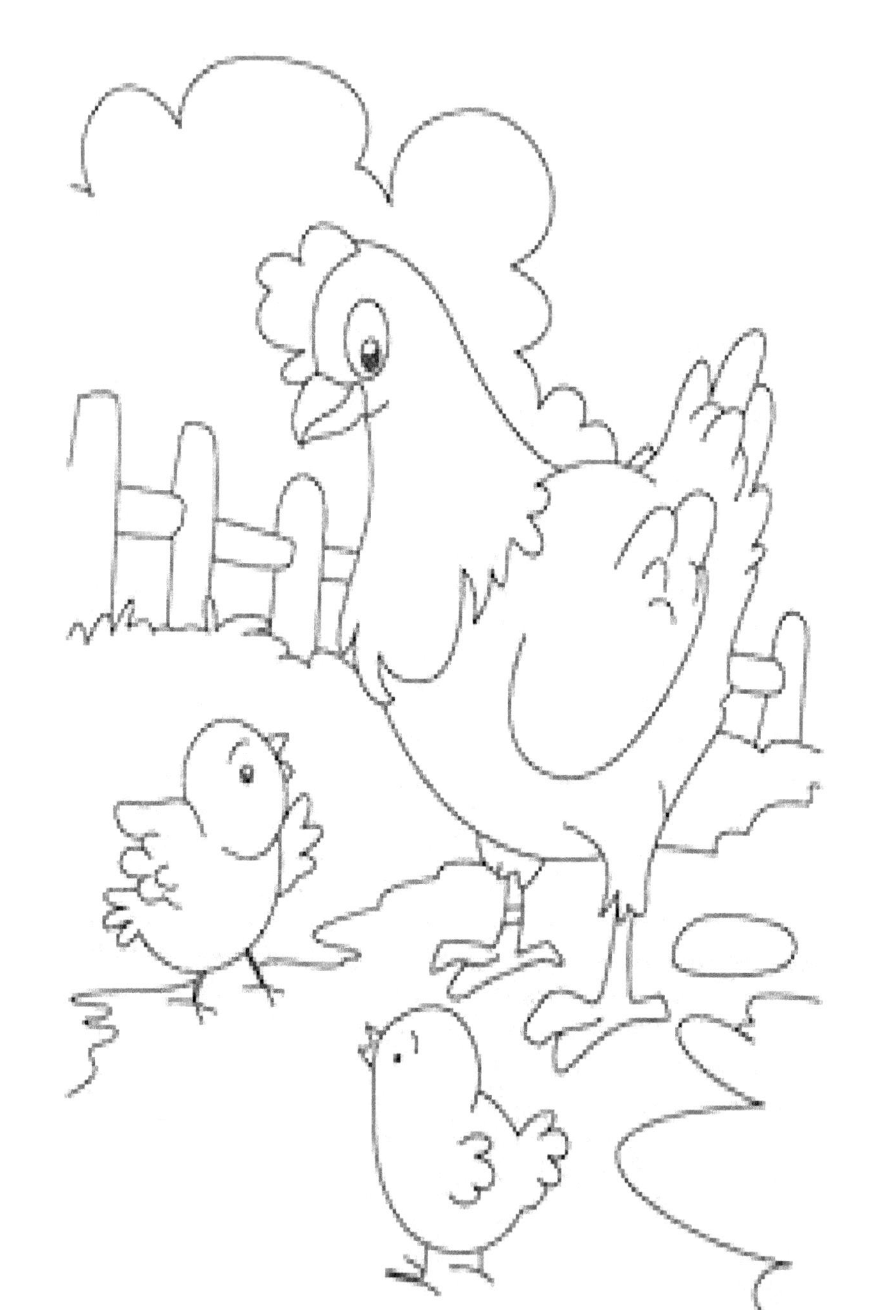

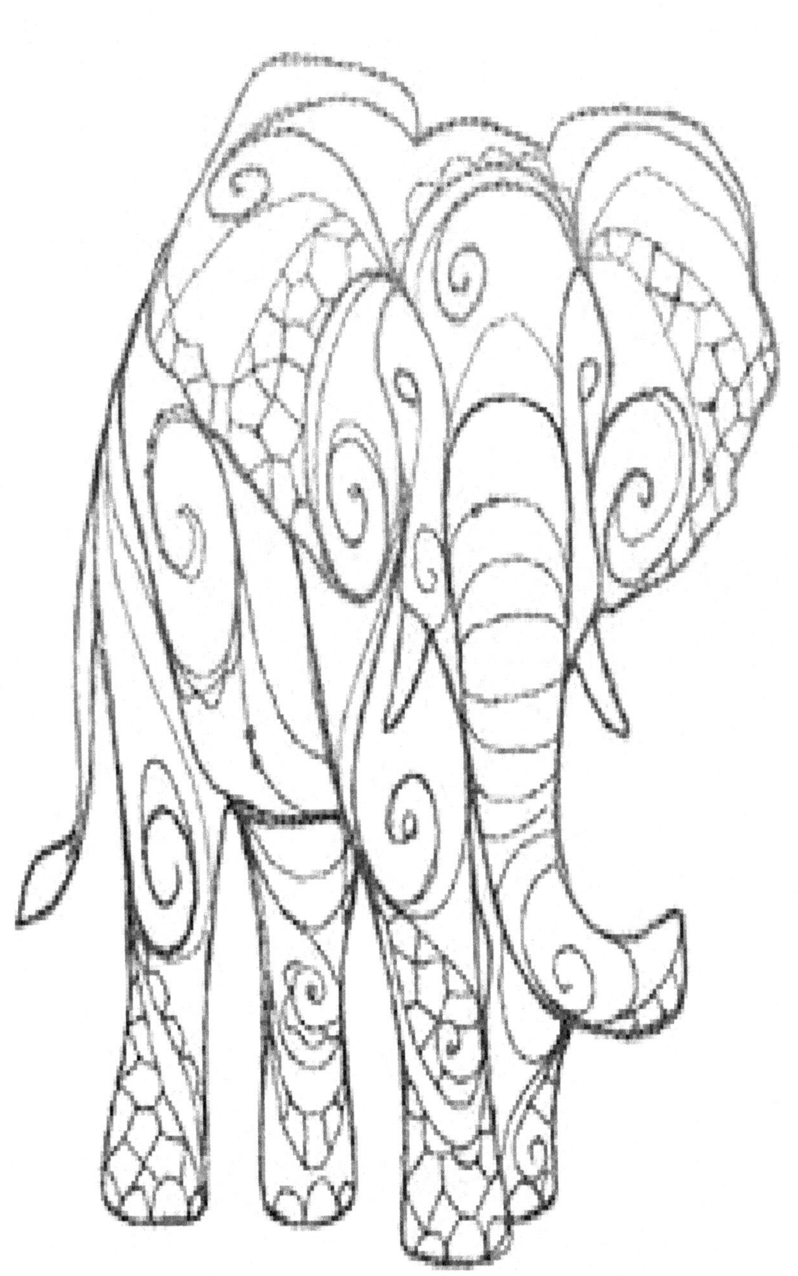

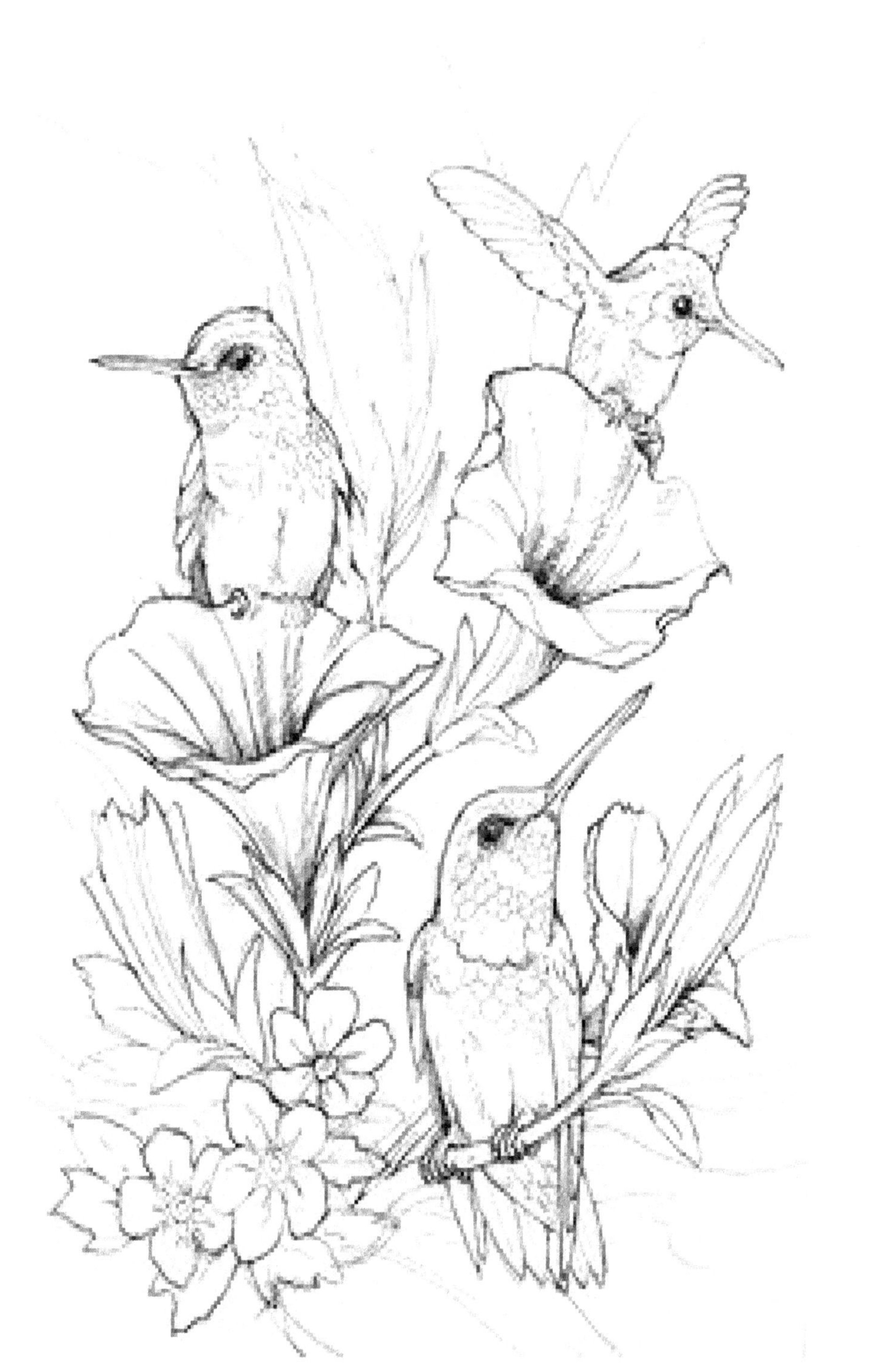

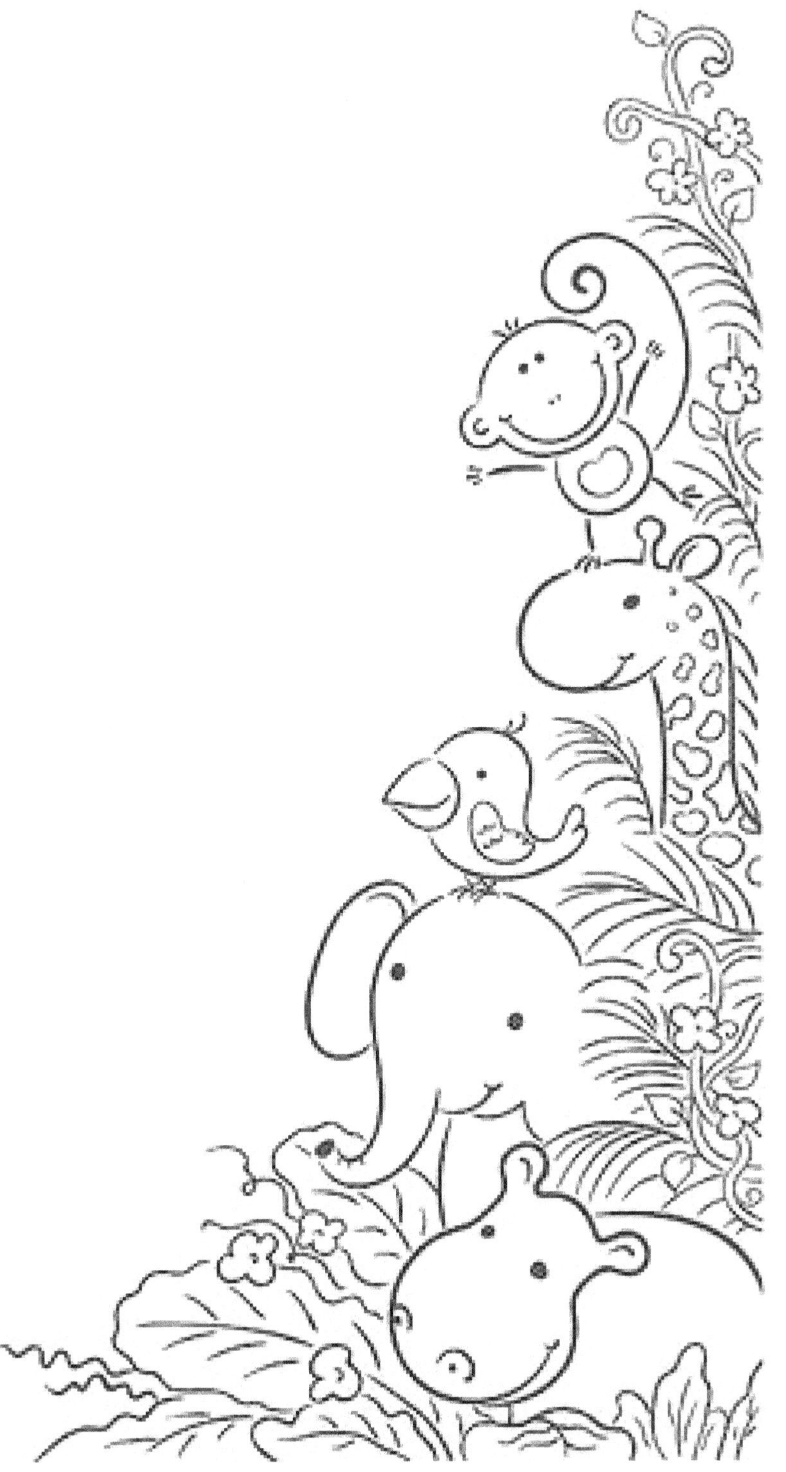

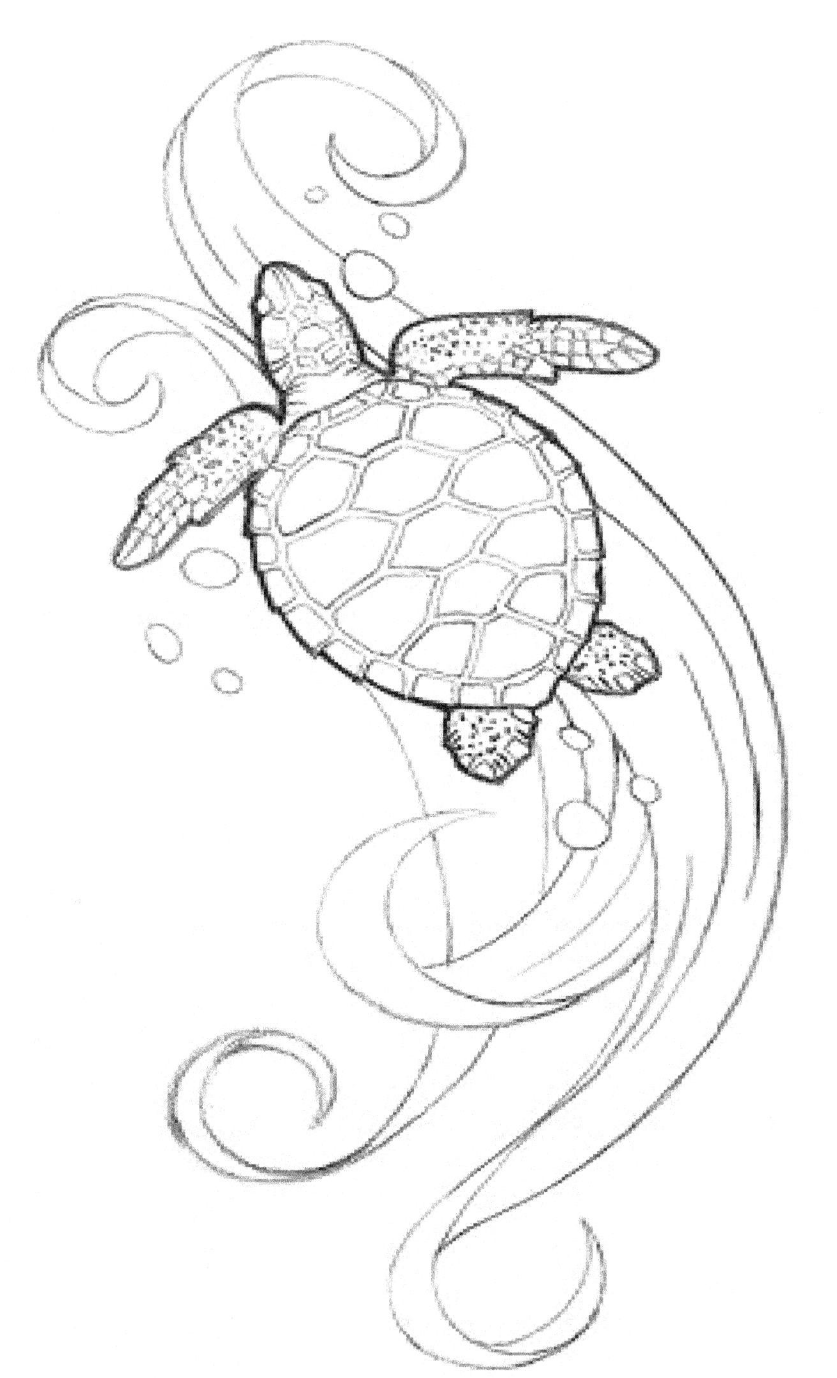

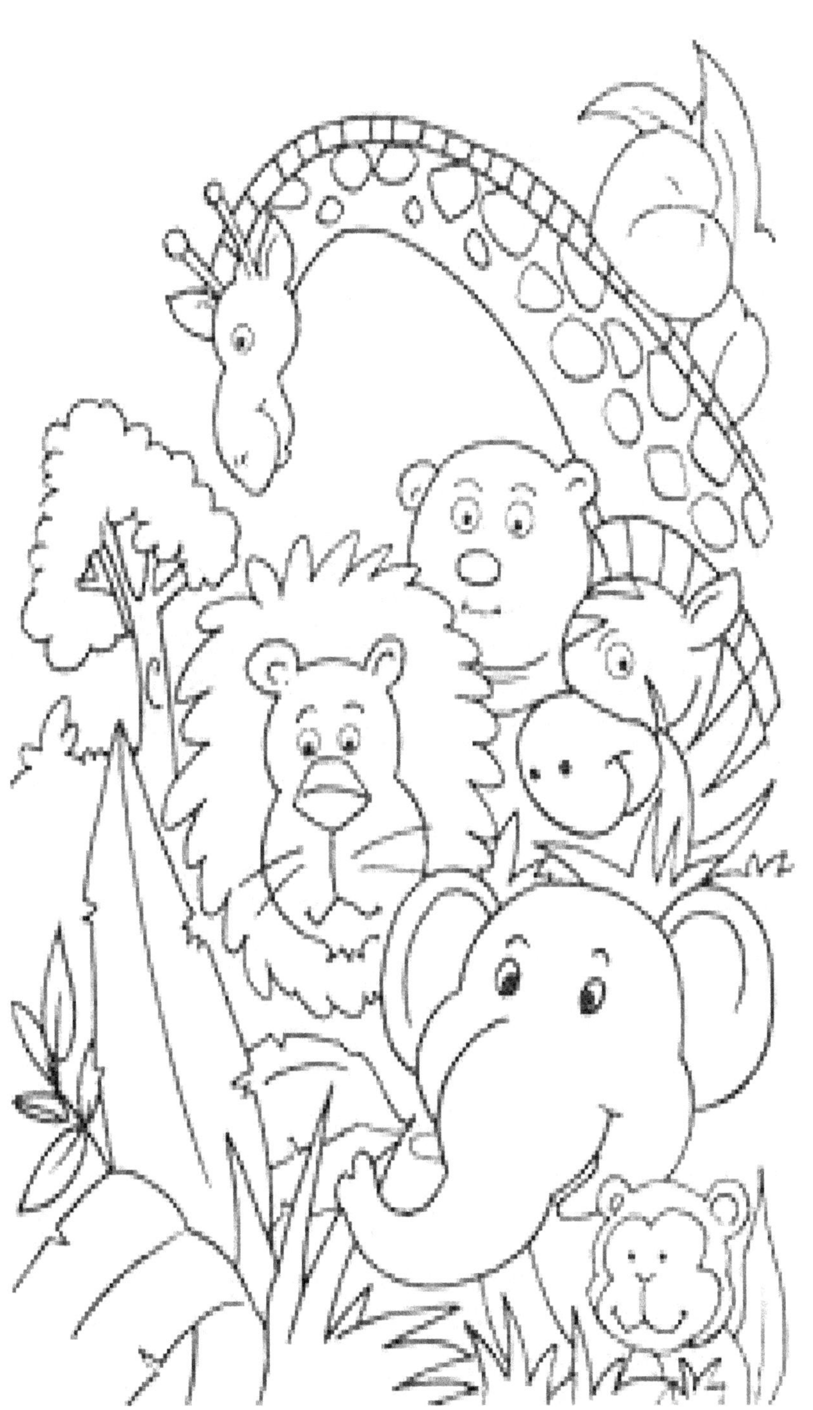

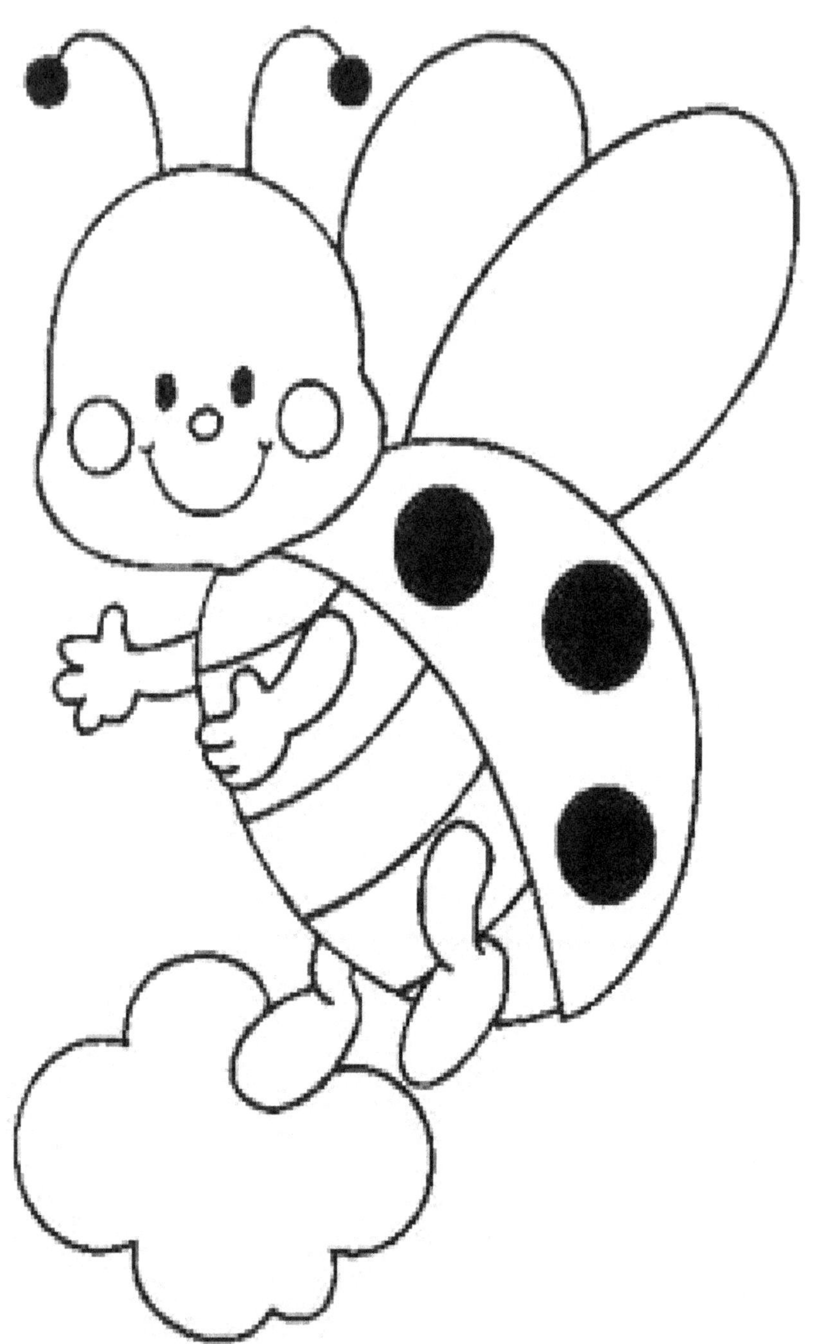

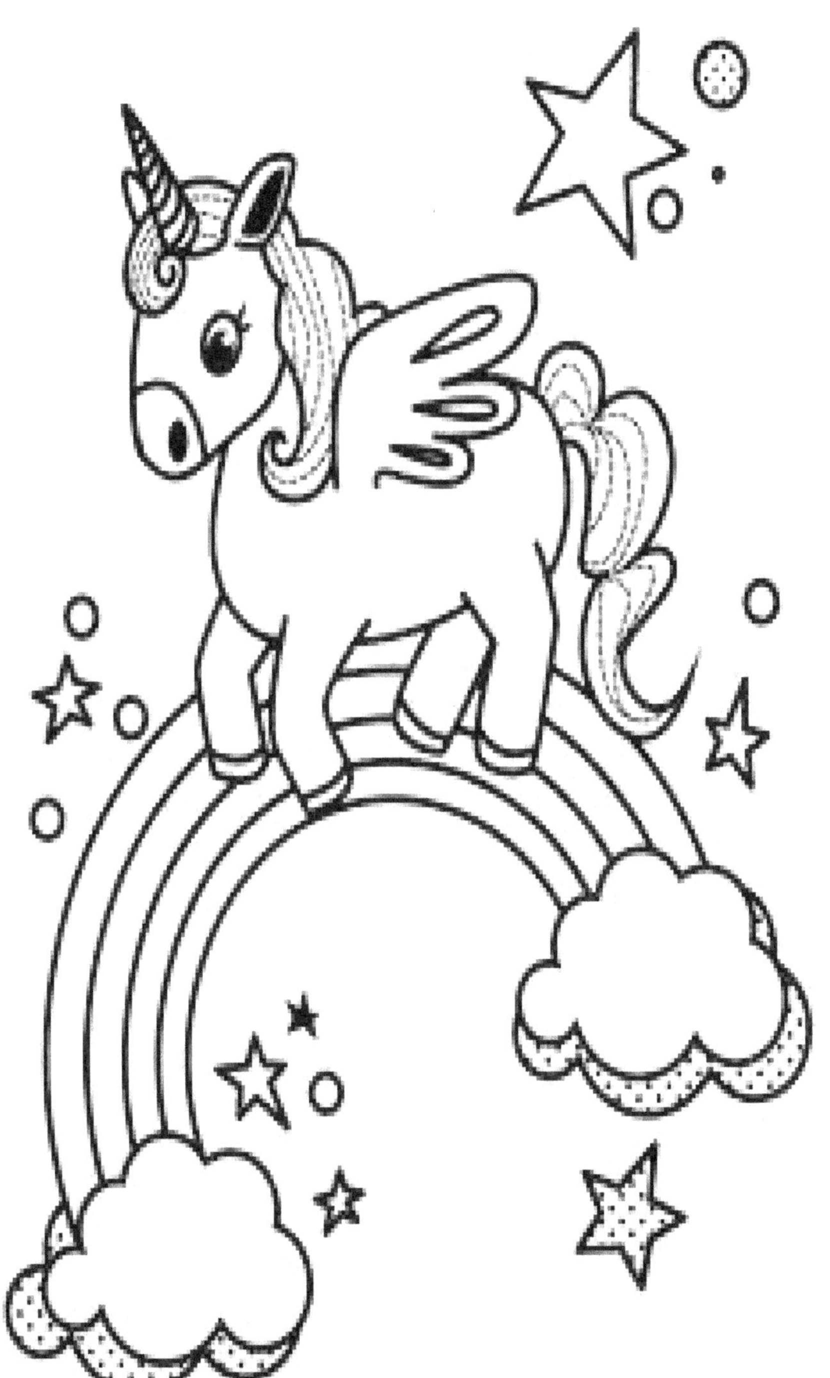

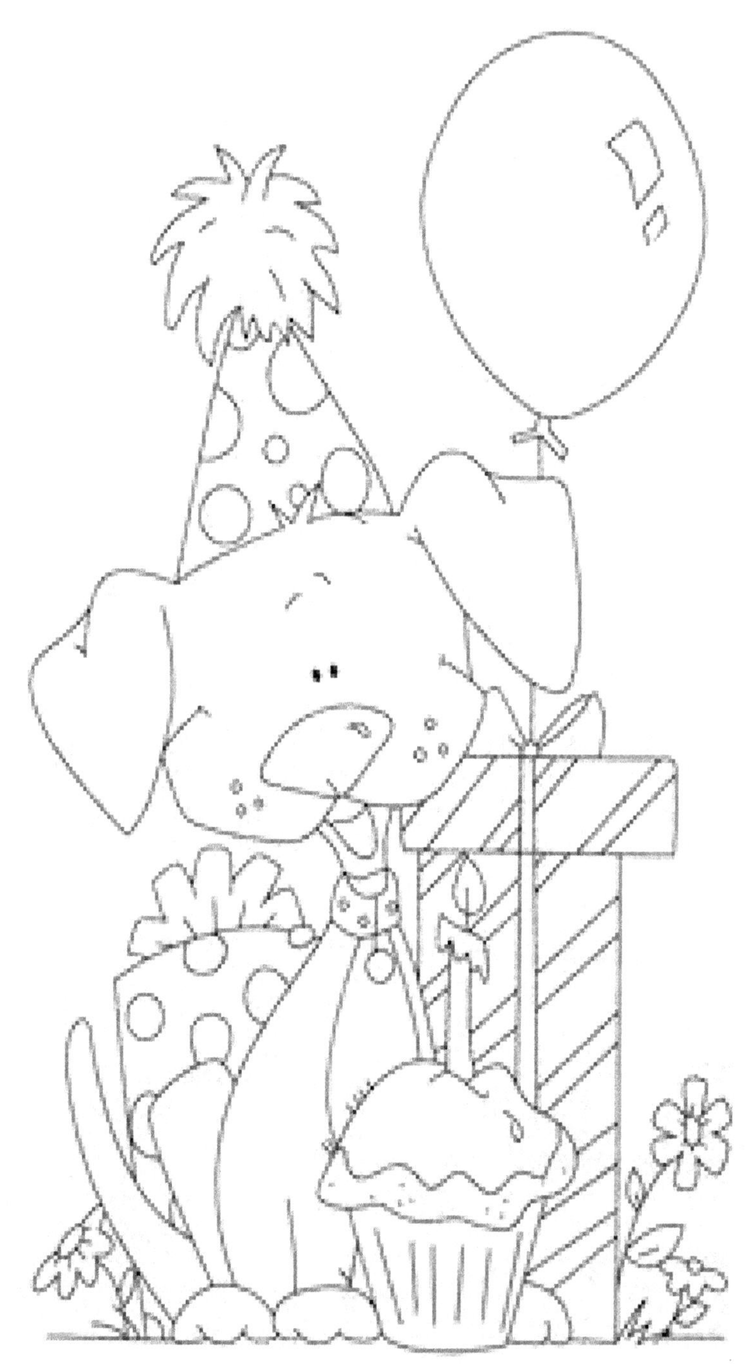

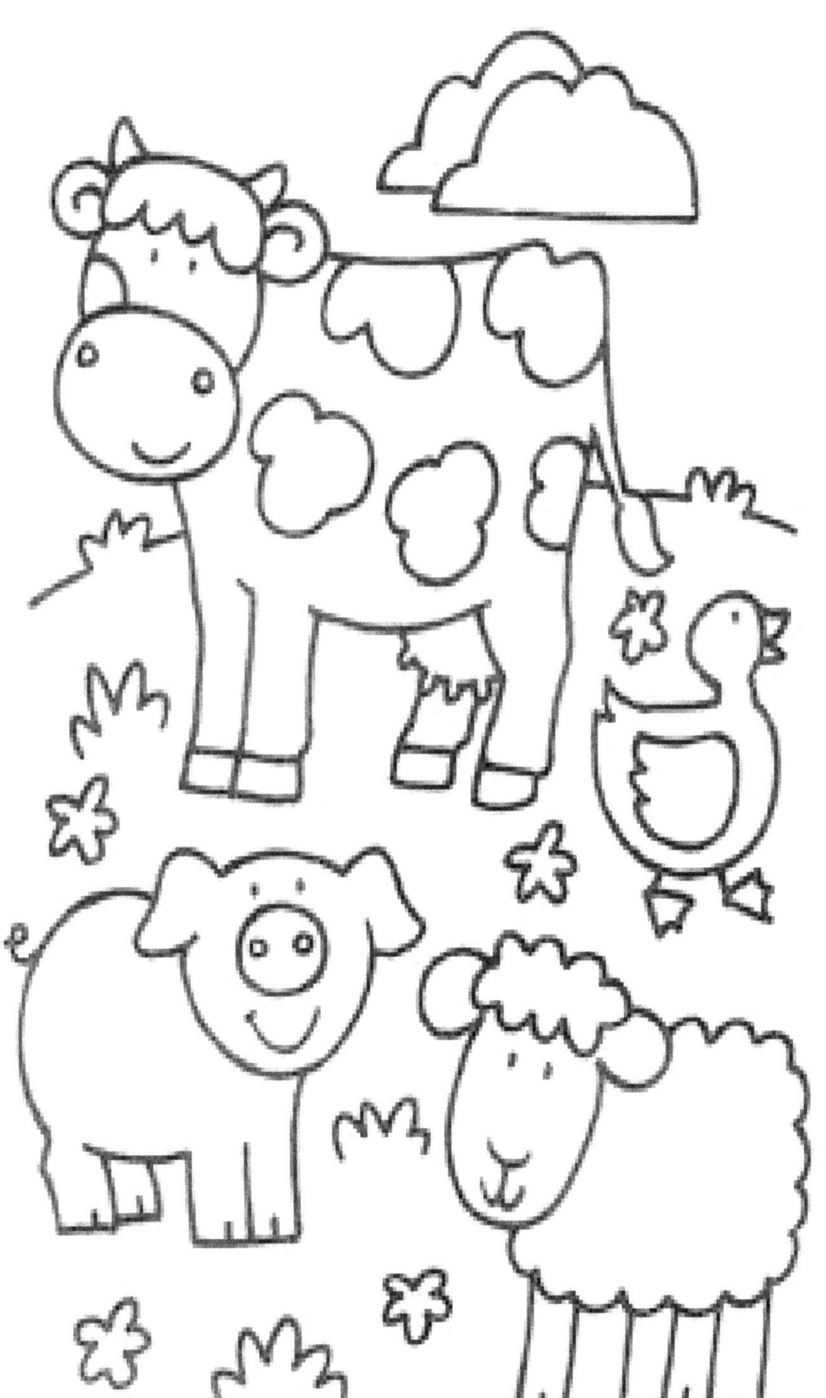

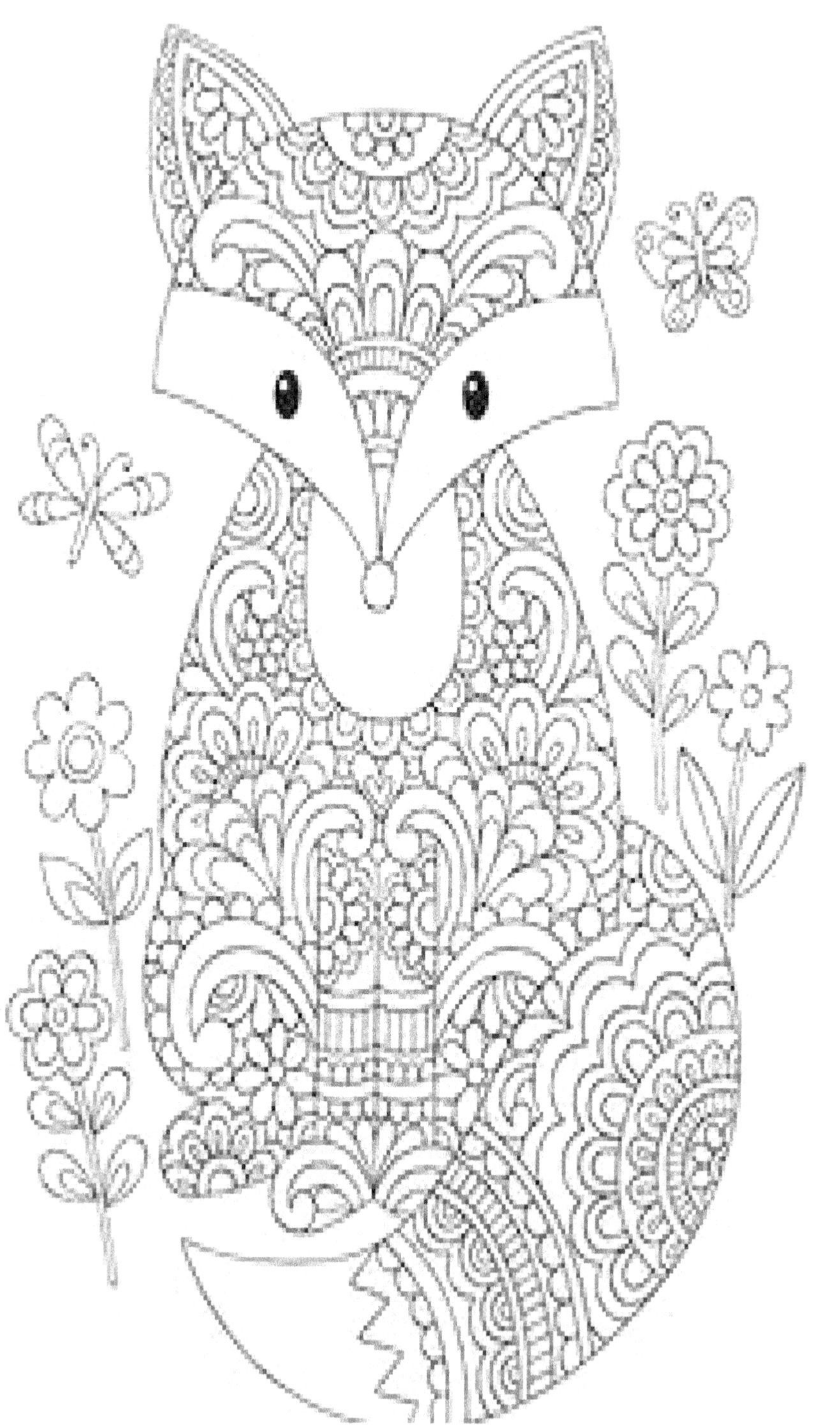

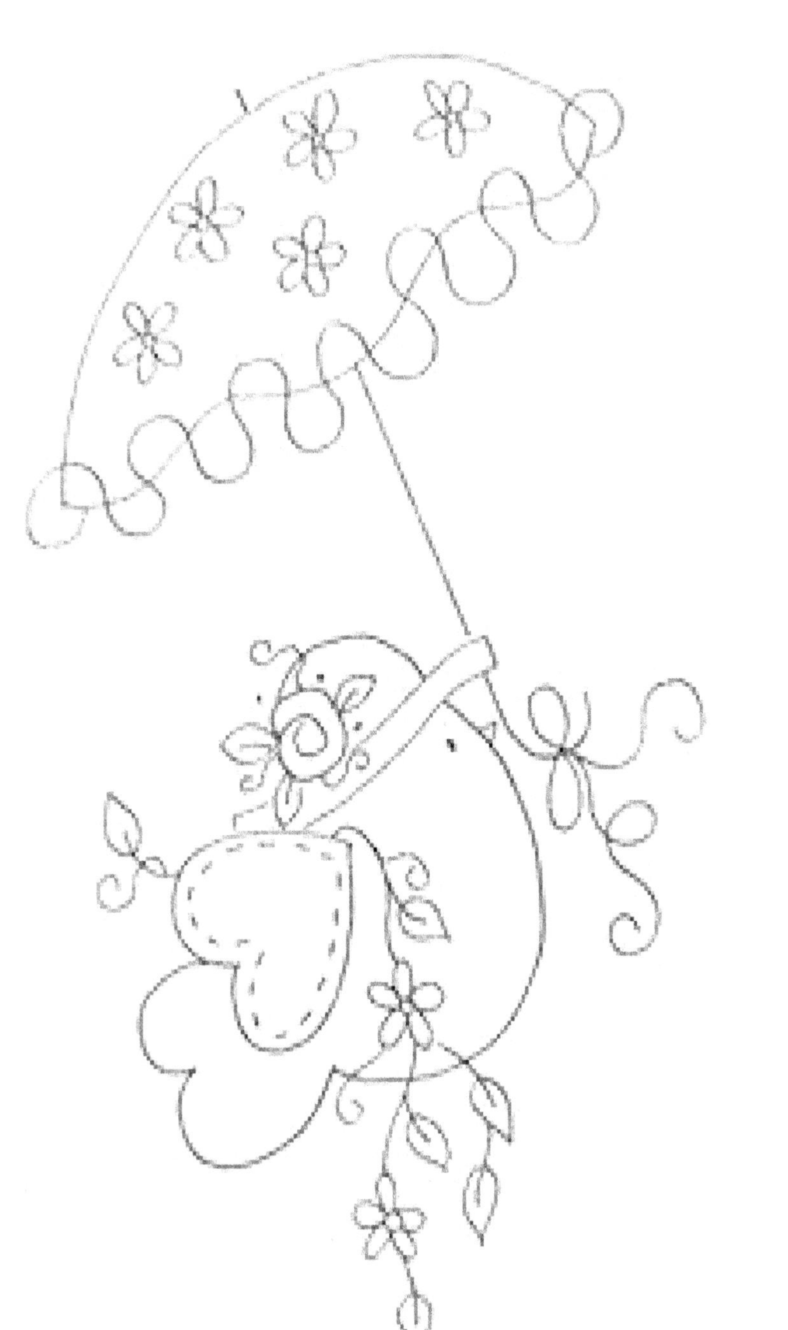

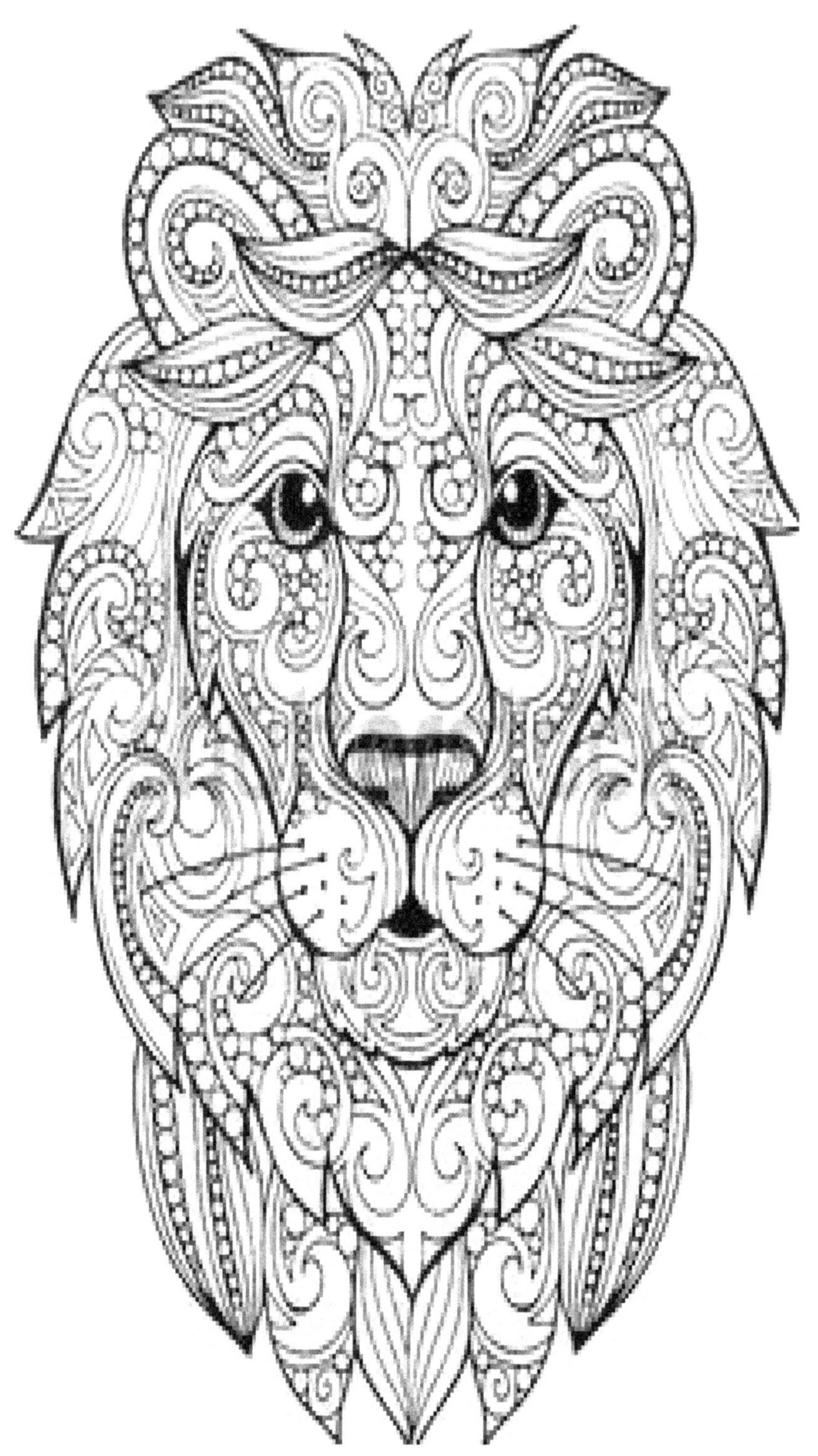

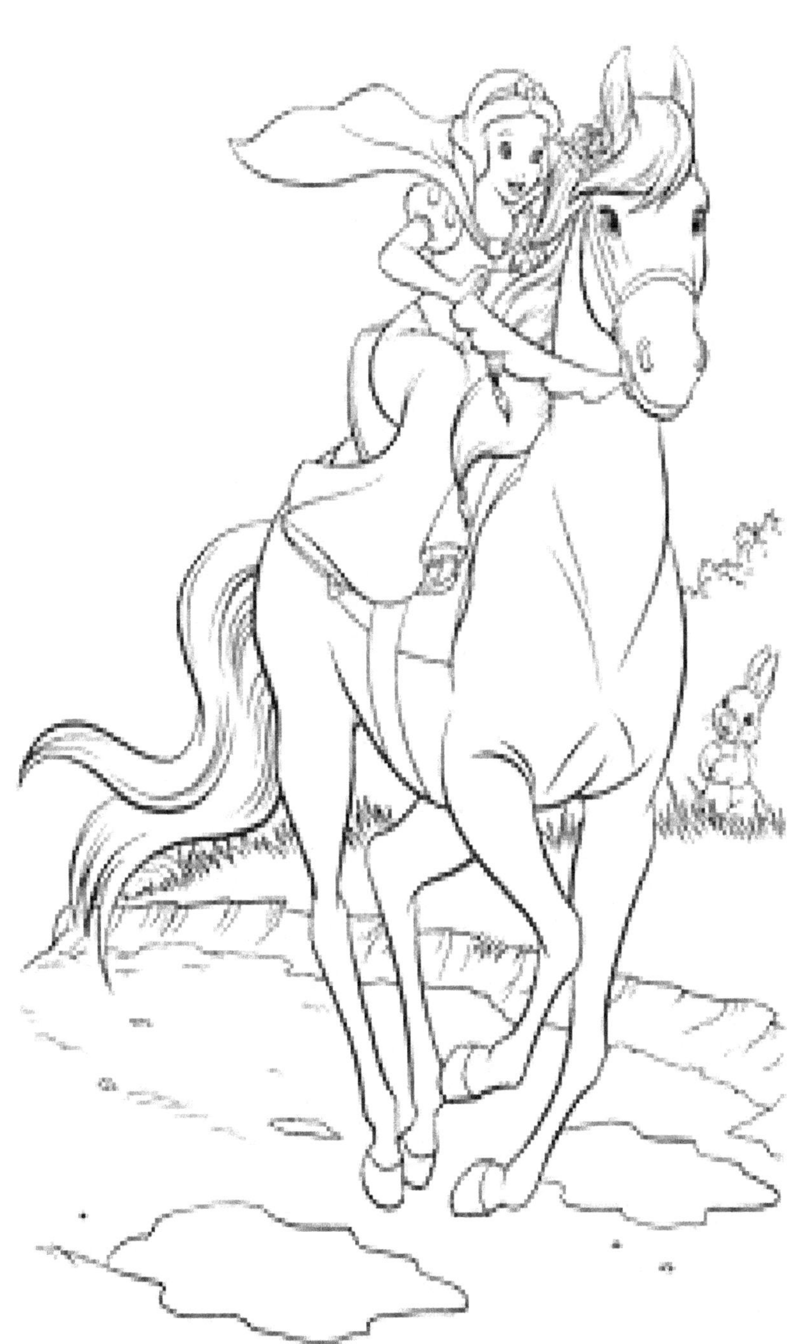

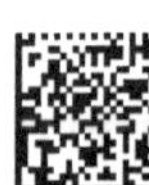